从想法到落地——乡村振兴系列丛书

乡村研学设计与运营

赵 静 高科佳 赵永青 ◎ 著

西南大学出版社
国家一级出版社 全国百佳图书出版单位

图书在版编目(CIP)数据

乡村研学设计与运营 / 赵静, 高科佳, 赵永青著.
重庆：西南大学出版社, 2025.4. -- (从想法到落地：乡村振兴系列丛书). -- ISBN 978-7-5697-3015-9
Ⅰ. F590.75
中国国家版本馆CIP数据核字第2025CK9342号

乡村研学设计与运营
XIANGCUN YANXUE SHEJI YU YUNYING

赵　静　高科佳　赵永青　著

策划组稿	李　勇
责任编辑	刘　平
责任校对	李　勇
特约校对	唐俊硕
装帧设计	闰江文化
排　　版	李　燕
出版发行	西南大学出版社（原西南师范大学出版社）
	地址：重庆市北碚区天生路2号
	邮编：400715
	电话：023-68868624
印　　刷	重庆亘鑫印务有限公司
成品尺寸	170 mm×240 mm
印　　张	15.75
字　　数	260千字
版　　次	2025年4月　第1版
印　　次	2025年4月　第1次印刷
书　　号	ISBN 978-7-5697-3015-9
定　　价	49.00元

从想法到落地——乡村振兴系列丛书

顾　问

张跃光

主　审

孙　敏　双海军　肖亚成　张　雄

丛书策划

杨　璟　唐湘晖　韩　亮　赵　静
孙　磊　孙宝刚　黄代銮　黄　微

前言
PREFACE

　　研学作为一种创新的教育形态，逐渐成为连接学校教育与社会资源的重要桥梁；同时，研学旅游作为一种旅游新业态，日益受到旅游市场全年龄段游客的关注。拥有丰富多样资源的乡村，是中国传统文化和农业文明的重要载体，在现代文明发展中具有不可替代的价值。因此，将乡村与研学相结合，既是对乡村内在价值的深度挖掘与重新诠释，也是对传统教育模式的一次重要补充与革新性探索，同时，也是文旅融合发展业态的尝试与创新。基于上述思考，《乡村研学设计与运营》一书应运而生。本书内容涵盖广泛，首先厘清乡村研学的基本内涵、理论应用与时代价值、要素及运行体系，继而从市场分析、资源挖掘、产品设计、市场营销、服务管理等方面进行深入分析，并以具体的设计方案范例印证相关内容，形成了一个系统而完整的乡村研学知识和实践体系。本书旨在探索如何有效地利用乡村丰富的资源，开发具有地方特色的研学产品，以及提升服务管理水平，以满足日益增长的市场需求。

《乡村研学设计与运营》不仅是一本专业书籍，更是心灵邀约的载体，邀请每一位热爱乡村、关注教育、追求创新的朋友，共同探索乡村研学的无限可能，携手推动乡村研学的高质量发展，为乡村全面振兴贡献力量。愿此书成为您乡村研学之旅的启明星，照亮前行的道路，引领我们共同迈向更加美好的未来。

本书汇集了重庆人文科技学院乡村振兴学院项目研究、实践教学、产教融合、社会服务、学科竞赛等成果。本书也是2020年度重庆市教育科学规划课题"校企共建线上课程：知识共享机制的应用研究"（项目编号2020-GX-345）、重庆市2023年市教委人文社科规划项目"地域文化视角下'重庆乡村民宿+研学'融合发展研究"（项目编号23SKGH391）的研究成果之一，是重庆人文科技学院成渝地区乡村文化产业研究基地、重庆市成渝地区乡村文化教育科研实验基地的研究成果。本书第一、五章由重庆人文科技学院赵静教授撰写，第三、四章由重庆人文科技学院高科佳副教授撰写，第二、六章由重庆人文科技学院赵永青副教授撰写，第七章由重庆人文科技学院赵静教授基于学校学科竞赛获奖作品进行撰写。全书由赵静教授统稿修订。由于时间和水平有限，书中的不足之处恳请读者批评指正。

编　者

2025年1月

目录

第一章
乡村研学概述　　　　　　　　　　　　　　　　**001**

第一节　乡村研学的内涵及发展 …………………002
第二节　乡村研学的理论应用与时代价值 ………018
第三节　乡村研学的要素体系 ……………………025
第四节　乡村研学的运行体系 ……………………031
第五节　乡村研学的运营管理 ……………………039

第二章
乡村研学市场分析　　　　　　　　　　　　　　**051**

第一节　乡村研学市场宏观环境分析 ……………052
第二节　乡村研学微观环境分析 …………………061
第三节　乡村研学客群分析 ………………………065

第三章
乡村研学资源分析　　　　　　　　　　　　　　**075**

第一节　乡村研学资源的基础认知 ………………076
第二节　乡村研学旅游资源分类 …………………079

第四章
乡村研学产品分析　　085

第一节　研学产品设计的主要内容 …………………086

第二节　乡村研学资源点的选择与开发 ………………090

第三节　乡村自然类资源点的开发 ……………………094

第四节　乡村文化类资源点的开发 ……………………106

第五章
乡村研学市场营销管理　　127

第一节　乡村研学市场营销概述 ………………………128

第二节　乡村研学市场定位 ……………………………136

第三节　乡村研学营销组合策略 ………………………142

第四节　创意赋能乡村研学市场营销 …………………161

第六章
乡村研学服务管理　　169

第一节　服务概述 ………………………………………170

第二节　乡村研学基地服务规范 ………………………177

第三节　乡村研学从业者服务规范 ……………………187

第七章
乡村研学设计方案范例及分析　　191

案例1　许孩子一年时间,与黄瓜山共成长 ……………192

案例2　傍水寻古镇之遗,携诗悟濯水之魂 …………205
案例3　跟着世遗阅大足,鲤鱼添彩学新知 …………223

主要参考文献 ……………………………………………235

第一章
乡村研学概述

- 乡村研学的内涵及发展
- 乡村研学的理论应用与时代价值
- 乡村研学的要素体系
- 乡村研学的运行体系
- 乡村研学的运营管理

近年来,研学旅游以"教育+旅游"为特色,获得政策扶持和市场青睐,成为旅游行业中快速发展的业态之一。乡村振兴战略背景下,研学旅行充分利用乡村自然与文化资源,打造特色研学产品,有力地推动了乡村产业提升、生态环境保护、民俗文化传承保护、休闲旅游品质提升等多方面的融合发展。乡村研学旅游市场发展迅速,已成为全面推进乡村振兴的重要力量。

第一节
乡村研学的内涵及发展

乡村研学是研学旅游的重要内容,其内涵及发展与研学旅游密不可分。

一、乡村研学的内涵及特征

(一)乡村研学的概念

2016年12月,教育部等11部门发布《关于推进中小学生研学旅行的意见》,指出中小学生研学旅行是由教育部门和学校有计划地组织安排,通过集体旅行、集中食宿方式开展的研究性学习和旅行体验相结合的校外教育活动,是学校教育和校外教育衔接的创新形式,是教育教学的重要内容,是综合实践育人的有效途径。2016年12月国家旅游局(现更名为中华人民共和国文化和旅游部)发布行业标准《研学旅行服务规范》(LB/T 054—2016),定义研学旅行是以中小学生为主体对象,以集体旅行生活为载体,以提升学生素质为教学目的,依托旅游吸引物等社会资源,进行体验式教育和研究性学习的一种教育旅游活动。自2016年研学旅行的概念提出以来,社会对研学旅行的认知在不断深化,从国家部委政策文件到地方标准规范,根据市场发展变化与需求,在表述上有不同的调整。整体来看,2020年之前更强调服务于以学校为单位出行的中小学生,关注实践育人对学校教育的补充作用,而2020年之后,产业融合力度加强,研学旅行在学校团队客源基础上,进一步拓展了家庭、机构、平台等客源,开发亲子研学、主题研学、户外休闲等新产品,特别是人力资源和社会保障部2024年将"研学旅行指导师"更名为"研学旅游指导师",一字之差说明市场在不断扩容,从原有的中小学生不断扩展到包括学龄前儿童、中小学生、大学生以及中青年人、老年人等全龄段群体,呈现出广阔的市场发展空间。

综上,研学旅行本质上是以旅游体验为手段,开展探究式学习的社会实践活动。根据服务对象的不同,研学旅行有狭义和广义之分。狭义的研学旅行主要是指由学校组织、学生参与,以学习知识、了解社会、培养人格为主要目的的校外考察参观和体验实践活动;广义的研学旅行主要是指一切出于求知需求的旅游者的旅游活动,以研究性、探究性学习为目的的专项旅游,是旅游者出于自然探索和文化求知需要而开展的旅游活动。

另外,在政策文件、学术研究、行业规范、新闻报道等领域,"研学旅行"和"研学旅游"两个词汇均被广泛使用,二者在概念上差别较小,主要是使用行业不同,在概念的范畴和表述上有所区别。研学旅行主要涉及教育和旅游两大行业,教育部门大多使用"研学旅行",采用狭义的研学旅行;旅游部门大多使用"研学旅游",采用广义的研学旅行。基于旅游业发展视角,除特定语境外,本书统一使用"研学旅游"或"研学"表述,研究广义的研学旅游,探讨乡村地区研学市场的产品设计及运营管理。

乡村地区具有丰富的自然、历史和文化资源,是开展农耕体验、乡土乡情、科普教育、生活实践等研学旅游活动的重要空间。乡村研学旅游,即乡村研学,是农、文、旅、教融合发展形成的乡村旅游新业态,主要是以中小学生为基本市场、全龄段旅游者为拓展市场,以乡村为旅游目的地,深度挖掘农耕生产、乡村生活、田园生态、民俗非遗、红色文化等乡村旅游资源,开发具有教育属性的专项旅游产品,是集学习与旅游于一体的乡村实践活动。在乡村研学过程中,通过探究性学习和体验活动,参与者能获得更全面、深入的知识和经验,提升综合素养。

(二)乡村研学的特征

从教育学视角来看,乡村研学具有教育性、实践性、文化性、地域性、可持续性等特点;从产业发展角度来看,乡村研学是农、文、旅、教融合发展形成的乡村旅游新业态,兼具研学旅游的教育属性和乡村旅游的产业功能,在接待形式、产品核心、目标设定以及根本手段上具有显著特征。

1. 以团队接待为主要形式

尽管广义的研学旅游服务于一切出于求知需求的旅游者,但在教育运行规律、市场发展现状、研学条件制约等因素下,乡村研学市场目前以团队接待为主,基本不开展散客接待活动。一是研学旅游的核心目的是进行探究式、体验式学习,这类教育形式需要团队学习环境;二是中小学生依然是研学市场的基本盘,是乡村研学的主要市场;三是提供乡村研学产品和服务的机构或营地、基地,在师资配备、服务团队、教具准备、课程研发等人力、物力、财力条件方面,还不具备接待散客的能力。团队规模一般根据接待能力、研学内容、客户要求等进行设定。目前乡村研学旅游基地和营地多依托乡村农业产业基础、文化和旅游资源、良好的生态自然环境等优势,主要面向学校或平台机构组织的中小学生,或亲子小团,根据不同年龄阶段青少年的研学需求,围绕农业体验、自然科普教育、文化体验、野外生存技能培养、爱国主义教育等方面研发课程,分阶段、分批次在适宜季节开展研学旅游。

2. 以乡村体验为产品核心

研学旅游是让参与者在真实、客观环境中进行体验、感悟和成长的社会实践活动,乡村研学要以乡村环境为活动场所,以旅游体验为活动形式,围绕农耕生产、乡村生活、田园生态、民俗风情、非遗活动、红色文化等内容开展研学活动。乡村文化是传统文化生命的家园,中华民族传统文化的产生土壤就是乡村,乡土文化是乡村研学文化素养培育的重要内容。2014年国务院出台《关于促进旅游业改革发展的若干意见》,明确提出中小学不同阶段的主要研学内容,即小学阶段以乡土乡情研学为主、初中阶段以县情市情研学为主、高中阶段以省情国情研学为主。可见,乡村研学要将乡土文化融入实践活动,在真实体验中认识和了解乡村。

3. 以综合素养提升为目标

乡村研学通过优美的自然环境、农业为基础的区别于城市的生产生活方式,以及其衍生的乡村文化吸引中小学生或其他旅游者进入乡村。学生或其他旅游者参与农业劳动,可以对村域各种生物及其生存环境形成直观认知,提升自然知识储备,学习农作物生产知识,避免"四体不勤、五谷不分"的困扰;同时,脑力、体力劳动结合,提高动手实践能力,得到身体上的锻炼,体会到农事劳动的艰辛、作物收获之乐趣,激发学生尊重劳动、热爱劳动,养成爱护粮食、爱护自然的习惯,加深对农村和农民的感情。在引导学生或其他旅游者认知和探究乡村的过程中,还能够进行思想政治教育,有利于培养地缘文化认同感,促使学生或其他旅游者了解传统乡土文化基因,增强建设家乡和祖国的责任感和使命感。因此,乡村研学能从知识、情感、能力等多方面提升学生或其他旅游者的综合素养。

4. 以产业融合为根本手段

乡村研学作为一种新兴业态,要将教育活动与乡村的自然环境、文化传统和产业资源紧密结合,形成一种寓教于乐、知行合一的体验。乡村研学要将农、文、旅、教等产业有机融合,充分发挥产业融合功能,助力乡村振兴。产业融合是指不同产业或同一产业不同环节间的相互渗透、交叉和重组,形成新的产业链和价值链。农旅融合的乡村研学,可以将农业生产与旅游体验相结合,让学生在参与农事活动的同时,体验乡村生活,学习农业知识;文旅融合的乡村研学,可以挖掘和利用乡村文化资源,通过研学活动传承和弘扬地方文化,同时促进文化旅游的发展;科旅融合的乡村研学,可以结合乡村的自然资源和生态环境,开展科普教育和生态研究,培养学生的科学探究能力。

二、乡村研学的源起及发展

研学旅游并非新兴事物,古今中外,类似的活动早已有之。对中国而言,古代有文人墨客增长见闻的游学,近代有爱国志士探求振兴中华之路的海外游学、城乡实地调研、乡村社会实践等活动。从世界来看,近现代有日本的修学旅行,美国的营地教育、自然教育、环境教育,英国的游学、童子军教育等。新时代背景下的现代研学旅游,被赋予了新的历史使命,在发展中不断完善和规范。

(一)我国研学旅游的发展历程

地方和学校及机构主动探索实践研学旅游。为提高学生的综合素质教育水平,早在20世纪80年代,学校以及相关社会机构就开始组织各类夏令营、红色旅游、科考科普等具有典型研学特色的活动;改革开放后,国外修学旅行团陆续入境开展研学旅游,国内多地开始探索研学旅游产品,如北京市于1993年成立接待日本青少年修学旅行委员会,上海2003年成立中国首个"修学旅游中心"并编写《修学旅行手册》,2006年山东曲阜举办"孔子修学旅行节",2008年广东省把研学旅行列入中小学必修课。随着行业实践的不断发展,研学旅游的意义与价值被教育界认知并肯定,经济和社会效益逐渐显现,国家及相关部门陆续出台系列政策文件并开展试点试验,助推研学旅游进一步发展和实施。

我国正式出现"研学旅行"的提法,最早是2013年2月国务院办公厅印发的《国民旅游休闲纲要(2013—2020年)》,《纲要》提出"逐步推行中小学生研学旅行"的措施,以实现"改善国民旅游休闲环境"的任务。同时,教育部下发《关于开展中小学生研学旅行试点工作的函》,在安徽省、西安市、苏州市等地推广试点,就主要内容、基本原则、工作任务和工作要求等方面,开展研学旅行的实践探索。在此基础上,2014年7月,教育部发布《中小学学生赴境外研学旅行活动指南(试行)》,规范、引导境外研学旅行的健康发展。2014年8月国务院印发《关于促进旅游业改革发展的若干意见》提出积极开展研学旅行,拓展旅游发展空间,对研学旅行的主要内容、原则要求以及研学旅行基地依托资源等进行了较明确的梳理。2015年8月,国务院办公厅发布《关于进一步促进旅游投资和消费的若干意见》进一步强调支持研学旅行发展，实施旅游消费促进计划，培育新的消费热点。可见，在研学旅游发展初期，主要以地区试点为形式、推进旅游业发展为目标开展初步探索。

研学旅游的"教育+旅游"理念及其丰富的产品体系，不断凸显"寓教于乐""知行合一"的教育功能，不仅得到市场受众欢迎，还得到相关政策的大力支持和引导。2015年教育部出台《关于确定全国中小学德育工作相关实验单位的通知》，确定了10个全国中小学研学旅行试验区，继此之后，教育部等11部门于2016年11月发布了《关于推进中小学生研学旅行的意见》，提出将研学旅行纳入中小学教育教学计划。此后，全国积极响应，以中小学生为主要服务对象的研学旅行全面展开，国家各部委及地方出台若干相关政策文件、行业协会组织编写相关服务标准和规范（见表1-1），全力推动匹配青少年教育的研学旅行发展。

研学旅游是以旅游为场景的学习体验活动，通过旅游产业的强关联作用，可以拓展研学的业态边界，形成"文博/非遗/红色文化+研学""民宿+研学""实践/劳动教育+研学""科普+研学""户外活动+研学"等多元融合业态。研学旅游能够充分发挥其"泛教育"功能，有效满足社会各群体对终身教育的需求，促进社会消费，提高经济、文化和社会效益。近几年，主题夏/冬令营、亲子户外运动、文博场馆活动、劳动教育实践活动、传统民俗或节庆活动等研学旅游产品受到消费者的青睐，优质产品供不应求，因此，服务大众研学消费的相关政策逐渐增多（见表1-1）。2018年文化和旅游部、国家发展和改革委员会、工业和信息化部等17部门发布《关于促进乡村旅游可持续发展的指导意见》，提出促进文物资源与乡村旅游融合发展，支持在文物保护区域因地制宜适度发展服务业和休闲农业，推介文物领域研学旅行、体验旅游、休闲旅游项目和精品旅游线路，发挥文物资源对提高国民素质和社会文明程度、推动经济社会发展的重要作用；国务院2021年印发《"十四五"旅游业发展规划》，提出推动研学实践活动发展，丰富优质产品供给，拓展大众旅游消费体系，在完成规定教育教学任务的前提下，各地区可结合实际开展研学实践教育活动；中共中央办公厅、国务院办公厅2022年印发《"十四五"文化发展规划》，提出丰富优质旅游供给，推动旅游与现代生产生活有机结合，加快发展度假休闲旅游、康养旅游、研学实践活动等。国务院2024年发布《关于促进服务消费高质量发展的意见》,提出促进餐饮住宿消费,支持住宿业与旅游、康养、研学等业态融合发展。特别要强调的是,人力资源和社会保障部在2022年将"研学旅行指导师"增添为新职业,并在2024年更名为"研学旅游指导师",从"行"到"游"虽然只有一字之差,但将带来研学市场的转变,由之前的中小学生研学活动变为全龄段群体覆盖。

综上可见,我国研学旅游发展历程主要有以下四个特点:一是从民间实践到政府扶持的行业探索,二是从地方试点到全国布局的政策演变,三是从聚焦青少年教育到服务全龄段需求的市场拓展,四是从重视教育价值到追求教育、文化、经济和社会综合价值的重心调整。

表1-1 我国研学旅游相关政策文件一览表

序号	时间	出台部门	文件名称	研学相关内容
1	2013年	国务院	《国民旅游休闲纲要（2013—2020年）》	首次提出"研学旅行"概念,明确提出鼓励学校组织学生进行寓教于游的课外实践活动。
2	2014年	教育部	《中小学学生赴境外研学旅行活动指南(试行)》	规范和引导中小学生赴境外研学旅行活动。
3	2014年	国务院	《关于促进旅游业改革发展的若干意见》	进一步明确积极开展研学旅行,将研学旅行作为青少年爱国主义和革命传统教育、国情教育的重要载体;纳入中小学生日常德育、美育、体育教育范畴,按照教育为本、安全第一的原则,建立小学阶段以乡土乡情研学为主、初中阶段以县情市情研学为主、高中阶段以省情国情研学为主的研学旅行体系;支持各地建设一批研学旅行基地,逐步完善接待体系。

续表

序号	时间	出台部门	文件名称	研学相关内容
4	2015年	国务院	《关于进一步促进旅游投资和消费的若干意见》	支持研学旅行发展成为新的消费热点。
5	2016年	教育部等11部门	《关于推进中小学生研学旅行的意见》	对研学旅行的重要意义、工作目标、基本原则、主要任务、组织保障等重点领域提出了具体指导意见,"建设一批具有良好示范带动作用的研学旅行基地"成为工作目标之一,提出了将研学旅行纳入中小学教育教学计划、加强研学旅行基地建设、规范研学旅行组织管理、健全经费筹措机制、建立安全责任体系等五大主要任务,研学旅行由试点变为试行。
6	2016年	国家旅游局	《研学旅行服务规范》(LB/T 054—2016)	规范研学旅行服务流程,提升服务质量,引导和推动研学旅行健康发展。
7	2017年	教育部	《中小学生德育工作指南》	将研学旅行作为实践育人的重要实施路径,对研学旅行活动、课程、组织、规程等进行了具体要求。
8	2017年	教育部	《关于公布第一批全国中小学生研学实践教育基地、营地名单的通知》	公布了中国人民革命军事博物馆等204个"全国中小学生研学实践教育基地"和河北省石家庄市青少年社会综合实践学校等14个"全国中小学生研学实践教学营地"。
9	2018年	教育部	《关于公布2018年全国中小学生研学实践教育基地、营地名单的通知》	公布了377个"全国中小学生研学实践教育基地"和26个"全国中小学生研学实践教育营地"。

续表

序号	时间	出台部门	文件名称	研学相关内容
10	2018年	文化和旅游部、国家发展和改革委员会、工业和信息化部等17部门	《关于促进乡村旅游可持续发展的指导意见》	强调推介文物领域研学旅行、体验旅游、休闲旅游项目和精品旅游线路；支持在乡村地区开展红色旅游、研学旅游。
11	2019年	中国旅行社协会	《研学旅行指导师(中小学)专业标准》(T/CATS 001—2019)	引导研学旅行指导师队伍的健康发展。
12	2019年	中国旅行社协会	《研学旅行基地(营地)设施与服务规范》(T/CATS 002—2019)	规范研学旅行基地(营地)创办、建设和服务工作。
13	2020年	国务院	《关于全面加强新时代大中小学劳动教育的意见》	意见就全面贯彻党的教育方针，加强大中小学劳动教育进行了系统设计和全面部署。明确实施劳动教育的重点是在系统的文化知识学习之外，有目的、有计划地组织学生参加日常生活劳动、生产劳动和服务性劳动，让学生切实经历动手实践，出力流汗，接受锻炼，磨炼意志。
14	2020年	农业农村部	《全国乡村产业发展规划(2020—2025年)》	强调突出差异化。瞄准市场差异，依据各类消费群体的不同消费需求，细分目标市场，发展研学教育、田园养生、亲子体验、拓展训练等乡村休闲旅游项目。 强调突出多样化。推进模式多样，跨界配置乡村休闲旅游与文化教育、健康养生、信息技术等产业要素。

续表

序号	时间	出台部门	文件名称	研学相关内容
15	2021年	农业农村部	《关于拓展农业多种功能 促进乡村产业高质量发展的指导意见》	提出发掘生态涵养产品。注重人与自然和谐共生,依托山水林田湖草沙等自然资源,结合农业资源保护利用、农村生态文明建设、农耕文化传承和节能减排固碳,发展生态观光、农事体验、户外拓展、自驾旅居等业态;建设一批学农劳动、研学实践、科普教育等实训基地,创设一批农事生产、节气物候、自然课堂、健康养生等科普教程。 提出打造乡村休闲体验产品。依托乡村资源,围绕多功能拓展、多业态聚集、多场景应用;发展文化体验、教育农园、亲子体验、研学示范等业态;讲好乡村故事。
16	2021年	国务院	《"十四五"旅游业发展规划》	强调通过推动研学实践活动发展,创建一批研学资源丰富、课程体系健全、活动特色鲜明、安全措施完善的研学实践活动基地,为中小学生有组织研学实践活动提供必要保障及支持,丰富优质产品供给,完善旅游产品供给体系。 强调在完成规定教育教学任务的前提下,各地区可结合实际开展研学实践教育活动,优化旅游消费环境,拓展大众旅游消费体系。
17	2022年	国务院	《"十四五"文化发展规划》	要适应大众旅游时代新要求。推动旅游与现代生产生活有机结合,加快发展度假休闲旅游、康养旅游、研学实践活动等,从而"丰富优质旅游供给"。

续表

序号	时间	出台部门	文件名称	研学相关内容
18	2022年	国务院	《关于做好2022年全面推进乡村振兴重点工作的意见》	提出将符合要求的乡村休闲旅游项目纳入科普基地和中小学学农劳动实践基地范围;持续推进农村一二三产业融合发展。
19	2022年	文化和旅游部、教育部、自然资源部、农业农村部、国家乡村振兴局、国家开发银行6部门	《关于推动文化产业赋能乡村振兴的意见》	强调文旅融合赋能。鼓励各地加强"中国民间文化艺术之乡"建设,塑造"一乡一品""一乡一艺""一乡一景"特色品牌,形成具有区域影响力的乡村文化名片,提升乡村文化建设品质,充分开发民间文化艺术研学游、体验游等产品和线路。
20	2022年	人力资源和社会保障部、市场监管总局、国家统计局	《关于发布机器人工程技术人员等职业信息的通知》	发布新职业"研学旅行指导师",明确其定义和工作任务。 定义:策划、制订、实施研学旅行方案,组织、指导开展研学体验活动的人员。 主要工作任务: 1.收集研学受众需求和研学资源等信息; 2.开发研学活动项目; 3.编制研学活动方案和实施计划; 4.解读研学活动方案,检查参与者准备情况; 5.组织、协调、指导研学活动项目的开展,保障安全; 6.收集、记录、分析、反馈相关信息。
21	2023年	农业农村部	《关于落实党中央国务院2023年全面推进乡村振兴重点工作部署的实施意见》	提出培育新产业新业态。鼓励发展教育农园、研学基地、乡村露营游、乡土文化体验游等新模式。

续表

序号	时间	出台部门	文件名称	研学相关内容
22	2023年	文化和旅游部、教育部、共青团中央、全国妇联、中国关工委5部门	《用好红色资源培育时代新人红色旅游助推铸魂育人行动计划（2023—2025年）》	推动红色文化有效融入青少年思想政治教育工作，针对青少年在全国打造百堂红色研学精品课程，推出千条红色旅游研学线路，开展万场红色旅游宣讲活动。
23	2023年	文化和旅游部	《国内旅游提升计划（2023—2025年）》	提出创新旅游产品体系，针对不同群体需求，着力推动研学、银发、冰雪、海洋、邮轮、探险、观星、避暑避寒、城市漫步等旅游新产品。
24	2023年	国家体育总局、发展改革委、教育部、农业农村部、文化和旅游部等12部门	《关于推进体育助力乡村振兴工作的指导意见》	利用寒暑假、节假日组织开展以体育+研学为内容的青少年营地活动。
25	2023年	文化和旅游部	《关于推动在线旅游市场高质量发展的意见》	发挥在线旅游经营者要素资源整合和产品开发优势，参与开发精品旅游线路和非遗、体育、文化等主题旅游线路，参与宣传推介红色旅游、乡村旅游、研学旅游、生态旅游、冰雪旅游、海洋旅游、康养旅游、老年旅游、露营旅游等。
26	2023年	文化和旅游部	《关于推动非物质文化遗产与旅游深度融合发展的通知》	非物质文化遗产馆、传承体验中心（所、点）、非遗工坊、项目保护单位等设施场所要增强互动演示、体验教学等功能，面向游客提供体验、研学等旅游服务，让游客切身感受中华优秀传统文化的独特魅力。
27	2024年	国务院	《关于促进服务消费高质量发展的意见》	强调促进餐饮住宿消费，支持住宿业与旅游、康养、研学等业态融合发展。

续表

序号	时间	出台部门	文件名称	研学相关内容
28	2024年	人力资源和社会保障部、市场监管总局、国家统计局	《关于发布生物工程技术人员等职业信息的通知》	将"研学旅行指导师(4-13-04-04)"职业名称变更为"研学旅游指导师"。同时,将职业定义变更为策划、制定、实施研学旅游方案,组织、指导开展研学体验活动的人员。

表格内容由笔者整理,主要来源于各部委网站相关文件内容、华中科技大学出版社《研学旅行项目开发与运营》、中国旅游协会研学旅行分会《中国研学旅行市场发展报告(2023)》。

(二)乡村研学的源起及发展

1. 历史上的游学根植于乡村

"读万卷书,行万里路",自古以来,乡村因其独特的自然景观和丰富的人文环境,成为游学的重要目的地。春秋战国时期,孔子率弟子周游列国,考察各地风土人情,宣传礼乐文化,堪称乡村研学的典范。两汉学子远行访师问道,司马迁四处游历访古,助益成就《史记》篇章。唐代兴郊游、远行之风,成就若干传世诗篇,孟浩然游历江南水乡,体验农耕生活,诗歌中充满了对田园生活的向往和赞美;王维晚年隐居于蓝田辋川,在乡村中修身养性,学习佛学和绘画,他的《辋川图》展现了乡村的宁静与和谐;杜甫流寓至乡村所创作的"三吏"和"三别",源于其在乡村了解的民间疾苦。宋元明清时期,游学、书院文化盛行,乡村是他们的理想目的地,宋代著名儒学家朱熹在江西庐山建立了白鹿洞书院,朱熹在此讲学、研究理学,推动了儒学的发展,白鹿洞书院也成为了游学的重要场所。近现代历史中,探索救国救民游学道路上,离不开深入乡村的调查与实践,毛泽东在《讲堂录》中提到"闭门求学,其学无用。欲从天下国家万事万物而学之,则汗漫九垓,遍游四宇尚已",并多次采用游学的方式深入农村进行社会调查,借以了解社会,学习书本上学不到的东西;20世纪30年代,著名教育家陶行知秉持教育救国的信念,大力倡导"知行合一",倡导将乡村学校与乡村社区、自然环境的"隔墙"拆除,让学生走出校门,亲近自然,深入社区,从农人和社区文化中学习,培养健全人格。

2. 当代的研学旅游立足于乡村

当代,乡村研学更是研学旅游的重要组成部分,与研学旅游同步发展起来,共同源起于对传统教育模式的创新需求,随着政策推动和市场发展而不断完善。2013~2016年是研学旅游的初步发展阶段,国家层面的相关政策文件不仅明确了研学旅行的概念、目标、要求以及内容等(见表1-1),还清晰界定了立足乡村的研学旅行体系,2014年国务院《关于促进旅游业改革发展的若干意见》提出建立小学阶段以乡土乡情研学为主、初中阶段以县情市情研学为主、高中阶段以省情国情研学为主的研学旅行体系。同时,在国家和地方公布的中小学生研学实践教育基地、营地名单里,不乏乡村研学基地的身影,因为依托于乡村的自然资源和文化特色,研学旅游可以提供丰富的教育场景和实践机会,乡村研学不仅让学生和旅游者回归自然、体验农耕文化,还通过红色文化教育、民俗非遗体验等方式,增强了其文化自信和民族认同。

3. 乡村研学的发展助力乡村振兴

乡村研学将乡村旅游与教育有机融合,形成乡村新的发展方式,成为有效推动乡村经济社会全面发展的重要途径,为乡村振兴注入了新的活力。乡村研学是实现产业兴旺的重要抓手,通过乡村研学基地的建设,可以带动相关产业的发展,增加就业机会,可以把闲散的土地有效利用起来,提高乡村资源利用效率,可以带来客流量和市场,增强农村经济活力,提高农业附加值。乡村研学是推进乡风文明建设的重要方式,通过乡村研学的就业岗位,可以留住传承传统技艺的乡土人才,保护传统文化和继承传统习俗,通过乡村研学相关培训,可以促进当地村民提升素质,优化家风乡风,转变发展观念。乡村研学是实现生态宜居的助推器,通过乡村研学的培育和发展,可以促进基础设施的完善,帮助村民养成环保意识,保住绿水青山,换来金山银山。乡村研学是实现生活富裕的重要手段,村民可以通过土地流转、参与基地建设和自主经营等方式,参与乡村研学的经营活动,从而增加收入渠道,推动经济发展。国家高度重视乡村研学与乡村振兴互融互动的过程,自2018年实施乡村振兴战略以来,多部门出台系列政策文件大力支持乡村研学的发展(见表1-1):2018年文化和旅游部、国家发展和改革委员会、工业和信息化部等17部门发布《关于促进乡村旅游可持续发展的指导意见》，提出支持在乡村地区开展红色旅游、研学旅游；2020年农业农村部出台《全国乡村产业发展规划（2020—2025年）》，强调突出差异化，发展研学教育、田园养生、亲子体验、拓展训练等乡村休闲旅游项目；2021年农业农村部出台《关于拓展农业多种功能 促进乡村产业高质量发展的指导意见》，提出建设一批学农劳动、研学实践、科普教育等实训基地，创设一批农事生产、节气物候、自然课堂、健康养生等科普教程，发展文化体验、教育农园、亲子体验、研学示范等业态；2022年国务院发布《关于做好2022年全面推进乡村振兴重点工作的意见》，提出将符合要求的乡村休闲旅游项目纳入科普基地和中小学学农劳动实践基地范围；2023年农业农村部在《关于落实党中央、国务院2023年全面推进乡村振兴重点工作部署的实施意见》里，提出鼓励发展教育农园、研学基地、乡村露营游、乡土文化体验游等新模式；2024年国务院发布《关于促进服务消费高质量发展的意见》，支持住宿业与旅游、康养、研学等业态融合发展。乡村研学作为乡村振兴的重要途径，将得到更多的政策支持和市场认可。

三、乡村研学的类型

乡村研学的类型多样，根据资源特点和体验内容可以进行以下分类：

（一）农事体验型

主要依托农、林、牧、副、渔等农业生产场所，以及农庄、田园综合体等农村生活场所，开展乡土化的农事活动和趣味性的娱乐活动，为研学旅游者提供乡村劳动体验，学习农业知识，如农产品认知、农作物种植及收获（采摘）、传统农业工具的认知和使用等。如南京溧水郭兴村的无想自然学校，通过乡村大地艺术景观，提供稻谷种植、昆虫知识学习、田园餐会、手工艺班、摘水果等丰富的活动内容，让孩子们体验农村生活。

(二)文化教育型

主要依托乡村丰富的历史文化、科普文化等资源,利用乡村博物馆、纪念馆、非遗传承基地、现代农业示范基地、农业研究院等展示场所,开展场馆参观、工艺体验、节庆参与、农业科普等文化教育和民俗体验活动,引导研学旅游者感受和体验传统文化。如围绕农业生产文化的"二十四节气"文化开展体验课程,充分挖掘古法造纸、染、拓印等文化开展非遗制作体验类课程,少数民族地区开设民族特色的礼仪、餐饮、服饰、建筑等文化体验类课程等。

(三)户外拓展型

主要依托乡村的自然环境,开展徒步、探险、攀爬、帐篷搭建、埋锅造饭、团队建设等户外拓展活动,让研学旅游者回归自然,学会欣赏自然、尊重生命;培养研学旅游者的团队协作能力和生存技能,通过团队协作,充分利用自然条件,学习生存生活知识,提升动手能力。

(四)自然教育型

主要依托乡村自然生态环境,山地、林地、河流、天气等地形地貌、天候气象资源,开展生态观察、自然保护和环境教育等活动,旨在培养研学旅游者的技术能力,提升知识和个人素养,将传统教室搬到自然中,通过现场进行自然观察体验,开展气候学、生物学、地理学、环境学等知识教育,提高其洞察力,增强其环保意识和生态知识,培养其主动发现、解决问题的能力。

(五)红色教育型

主要依托和利用乡村地区的红色文化资源,以研究性学习和旅行体验相结合的学习方式,开展爱国主义和革命传统教育。通过探究红色人物、红色事件等,发现红色品质、挖掘红色精神、凝聚红色智慧,从中培养研学旅游者的人格智力、道德意识、社会责任感等公民素养。如江西省萍乡市安源区青山镇源头村,依托本土红色文化和绿色农业资源,开发了集红色研学、劳动实践、乡村旅游于一体的文旅产品,建设"高自立廉洁自律教育基地"等红色研学基地,为青少年提供了革命传统体验和红色精神传承的机会。

第二节

乡村研学的理论应用与时代价值

乡村研学是以乡村为主要场所，充分利用乡村资源开展的教育旅游活动，是对多领域理论的综合应用，在全面推进乡村振兴时代背景下，具有重要意义。

一、乡村研学的理论应用

乡村研学所涉及的理论十分广泛，是对教育学、旅游学、社会学、经济学、管理学等相关领域诸多理论进行的实践应用。基于教育属性以及产业发展视角，这里主要介绍新质生产力理论、体验式学习理论、产业融合理论和协同理论在乡村研学发展中的实践应用。

（一）新质生产力理论

2023年9月，习近平总书记在黑龙江考察期间首次提出"新质生产力"一词，此后又在多个重要场合作了深入论述。什么是新质生产力？2024年1月，在中共中央政治局第十一次集体学习时，习近平总书记给出了新质生产力的基本定义：新质生产力是创新起主导作用，摆脱传统经济增长方式、生产力发展路径，具有高科技、高效能、高质量特征，符合新发展理念的先进生产力质态。它由技术革命性突破、生产要素创新性配置、产业深度转型升级而催生，以劳动者、劳动资料、劳动对象及其优化组合的跃升为基本内涵，以全要素生产率大幅提升为核心标志，特点是创新，关键在质优，本质是先进生产力。新质生产力理论是习近平经济思想的重要组成部分，是马克思主义生产力理论中国化时代化的最新成果,是对中国特色社会主义政治经济学理论体系的丰富和发展。新质生产力的发展,正在深刻地改变着旅游业的传统生产方式,在数智技术赋能下,劳动者、劳动资料和劳动对象正在发生颠覆式的创新变化,并进一步改变市场供需格局,这一变化同样指向乡村地区,对乡村旅游以及乡村研学产生深远影响。

1. 新质生产力将培养创新驱动型乡村研学人才

新质生产力以创新为特点,人才是关键。只有具备科技素养和创新能力的乡村研学从业者,才能紧跟时代要求"以变应变",转变发展观念,拥抱新技术,创新产品以及提供智能化服务。例如,企业组织结构日趋扁平化、去中心化背景下,创新驱动型乡村研学人才可以通过虚拟数字人,完成行政、营销、解说等多岗位工作;加强文旅融合背景下,创新驱动型乡村研学人才可以运用数字艺术、科技文创等手段,让已消失或快消失的乡村文化焕发生机,充分运用虚拟现实、沉浸式体验、生成式人工智能等新形式开发文旅数字应用技术,开展多空间文旅互动活动等。

2. 新质生产力将改变乡村研学的生产流程

乡村研学传统的生产流程大多为"调研—生产—销售—执行—反馈"线性模式,供需信息在流转过程中存在损漏,导致产品和服务的满意度不够高、乡村资源开发利用不到位、供给数量不足、供给内容与需求市场错位等情况。通过AIGC的运用、大数据模型的训练等,线性生产流程模式将转变为开放性同步设计模式,供需无缝衔接,大量的研学产品可以进行个性化定制,还可以通过实景虚拟演绎,不断优化定制产品。

3. 新质生产力将不断优化乡村研学的供给模式

新质生产力的发展可以逐步推动旅游生产要素的平台式积聚,物联网、自动化、智能化等技术将实现人与人、人与物之间的链接效率大幅提升,不断丰富乡村研学产品资源,更加便于各供给主体参与等,从而形成稳定、多元的产品和服务供给。例如,乡村农耕研学内容,不仅可以在线下的乡村田野进行体验学习,还可以通过虚拟现实、沉浸式体验、生成式人工智能等新形式,接受远程指导,同步进行线上的、不同地域或不同季节的农耕技术学习。

4.新质生产力将改变乡村研学的合作模式

新质生产力极大地推动了乡村旅游产业链的多样化和协作深化。借助先进科技与管理模式的引入，乡村研学相关供给方能够构建更加灵活多变的合作模式，携手面对市场环境的动态变化与潜在机遇。具体而言，智能化预订平台、网络旅游服务及创新型 AI 服务平台的运用，有效促进了信息在不同利益主体间的流通与共享，加快了产品创新与个性化营销的实现，从而显著提升了乡村研学服务的质量和效率。同时，各类新技术还能促进利益主体间合作关系趋向更加平等和互惠共生，乡村旅游发展中常见的信息鸿沟及利益分配不均现象，往往是合作关系不稳定的根源，而高科技的融入正在重塑生产结构与合作关系，推动构建起一个和谐共生、互利共赢的合作生态系统。

(二)体验式学习理论

体验式学习理论主要是整合自然教育专家杜威的"活动课程论"、社会心理学家大卫·库伯的"体验式学习圈"、心理学家皮亚杰的"认知发展论"及其他学者的理论形成的。体验式学习注重为学习者提供真实或模拟的环境和活动，让学习者通过个人在社会活动中的充分参与来获得个人的经验、感受、感悟并进行交流和分享，然后通过反思再总结提升为理论成果，最后将理论或成果投入到应用实践中。

乡村研学为旅游者提供更加直观、生动的学习体验，促进其在旅游过程中的学习与成长，是体验式学习理论的实践应用场景。

1.乡村研学可以协助旅游者通过亲身体验加深对乡村文化的理解

通过研学活动，旅游者可以亲身感受乡村的风土人情，了解乡村的历史变迁，从而提高对乡村文化的认同感和自豪感。例如，通过参观乡村的传统手工艺、了解乡村的传统节日、体验乡村的农耕文化、学习农业技术、手工艺技能等，旅游者可以更加深入地理解乡村的文化内涵，融入乡村生活。

2.乡村研学可以促进旅游者的互动与交流

在研学过程中，旅游者可以与同伴分享自己的观察和体验，相互学习和交流，有助于旅游者提高沟通能力和团队协作能力，以及培养同理心和包容心。

例如,通过小组讨论、角色扮演、实地考察等形式,旅游者可以更加深入地了解同伴的观点和看法,促进彼此之间的理解和尊重。

3.乡村研学可以促进旅游者对自然环境的关注和保护

在研学过程中,旅游者不仅能欣赏到美丽的乡村自然景观,还能通过引导关注环境保护和可持续发展等问题,增强对自然环境的敬畏之心,提高环保意识和责任感。

(三)产业融合理论

产业融合是指通过技术革新和放宽限制来降低行业间的壁垒,加强各行业企业间的合作关系。产业融合可以提高产业的价值创造功能,改造和创新传统产业,从而推动区域产业结构的优化与升级。乡村研学通过线路、活动和课程等项目融合农、文、旅、教等产业,是产业融合理论的重要应用场景。

1.乡村研学助力产业链的整合与优化

产业链是由各个产业部门基于一定的技术经济联系和时空布局关系而形成的链条式关联形态,包含供需链、企业链、空间链和价值链4个维度。产品和服务从生产到消费的全过程形成完整的产业链,产业链越长、越宽,链接的行业企业就越多,产生的价值会越大。乡村研学充分利用乡村的自然风光、人文历史、农业科技等资源,整合和优化乡村旅游资源开发、产品设计、服务供给、宣传推广等各环节,有效延长和拓宽产业链,促进产业融合。如,农业产品、农村资源和农民活动,通过创意赋能,成为乡村研学活动、课程、线路等产品的主要内容,增加体验、探究式学习等环节,其价值便会不断增加。

2.乡村研学促进跨界合作与创新

跨界合作和创新,是产业融合的重要特征,可以实现各主体之间的优势互补,提高整个产业的发展水平和价值。乡村研学是"教育+旅游+乡村"的融合业态,需要旅游企业、乡村旅游资源开发者、政府部门、教育机构等多个主体共同参与,不断在产品设计、服务提供、宣传推广等方面进行创新,以满足游客日益多样化的需求。

(四)协同理论

德国经济学家哈肯在多学科研究的基础上提出了协同理论,指各子系统交互运动,从而使系统整体功能提升大于各子系统功能提升总和的过程,旨在达到"1+1>2"的效果,通过协同理论,探究如何推进各子系统协作配合从而保障系统整体有序运行。协同理论在乡村研学中的应用主要体现在通过不同子系统之间的相互合作与协调,以实现乡村研学活动的有效组织与实施。

1. 乡村研学要注重各子系统之间的整合

一方面,要具备系统性视角,从产业角度看,乡村研学可以有教育、旅游、文化、农业等多个子系统;从参与主体角度看,可以有旅游者、乡村居民、旅游企业、政府部门等多个子系统。另一方面,要强调有序的集体行为,即通过自组织过程,加强子系统之间的相互依赖和相互作用,实现乡村研学的整体优化和发展。例如,各参与主体要密切配合,以形成有序的教育体验活动;政府部门可以通过制定相关政策,平衡各方利益,引导和规范乡村研学的发展;旅游企业在平衡经济、社会、环境等前提下,提供优质的乡村研学产品和服务,满足旅游者需求;乡村居民则基于长期发展利益,积极参与乡村研学活动,提高旅游体验的满意度;旅游者为谋求更好的研学体验,则需要充分调动探究式学习的源动力,在互动体验过程中共创产品价值。

2. 乡村研学要正确识别和应用序参数

协同理论的序参数是系统从无序到有序转变的关键因素,是影响协同效果的关键因素。在研学旅游发展过程中,序参数可能是特色的地方文化、丰富的教育资源、有力的政策支持、积极的社区参与等,这些因素的变化和调整能够显著影响乡村研学的组织和效果。因此,发展乡村研学,需要寻找、识别和强化序参数,如乡村的特殊自然环境、红色文化历史、非物质文化遗产、特色农业,地方政策的导向与支持,乡村旅游市场的火爆等,可以充分将其利用进产品设计、资源整合、品牌建设等方面,以有效促进乡村研学的有序发展。

3. 乡村研学要强调竞争与协同的平衡

协同理论强调在竞争中寻求合作,在合作中促进有序,形成更高级别的协同。乡村研学发展过程中要平衡竞争与合作,促进各子系统之间的良性互动,可以实现更高效的资源整合和优势互补。换句话说,乡村研学的子系统应根据实际情况不断调整和优化,以适应不断变化的市场需求和政策环境。例如,遵循绿色发展理念,政府部门就要适时调整乡村研学的相关政策,舍弃粗放型的研学活动,引导研学走向绿色、低碳、生态方向。

二、开展乡村研学的时代价值

(一)乡村研学是助力全面乡村振兴的有力抓手

党的二十大报告指出,全面推进乡村振兴,要坚持农业农村优先发展,坚持城乡融合发展,畅通城乡要素流动,要发展乡村特色产业,拓宽农民增收致富渠道。乡村研学以"小切口,大能量"成为乡村振兴的重要助力。从城乡融合发展角度看,乡村研学有利于打破城乡之间的壁垒,让学生有机会深入了解乡村的生活和文化,更好地了解乡村的发展现状和问题,增进对乡村的认识和理解;同时,乡村研学也有助于推动乡村教育的发展,提高乡村教育质量,缩小城乡教育差距。从产业发展角度来看,乡村研学可以充分利用乡村特色资源,推动农业与教育、旅游、文化等产业的深度融合,形成新的产业链,增加农民收入,带动乡村经济发展。乡村研学也为乡村带来了客流、资本流、信息流等生产要素,还带动了乡村旅游、乡村民宿、庄园采摘、特色农产品销售等多元化经济发展;更重要的是,乡村研学吸引人才回村、进村创业,为乡村发展注入新鲜血液,成为推动乡村振兴的新生力量。

(二)乡村研学是增强文化自信的重要途径

党的二十大报告提出,推进文化自信自强,铸就社会主义文化新辉煌。文化自信自强的前提应该是文化自觉,我国著名社会学家费孝通认为文化自觉是指生活在既定文化中的人对其文化有"自知之明",明白它的来历、形成过程、所具有的特色和它发展的趋向。乡村文化是中华文化的根与魂,因此,乡村研学有利于促进研学旅游者生成文化自觉,进一步增强文化自信。通过乡村研学活动,研学旅游者可以学习了解乡村的历史文化、民间艺术、传统习俗等，了解乡村文化的来龙去脉，在体验参与中感悟中华民族宝贵的文化遗产，从而增进对乡土文化的认识和尊重，增强文化认同感和归属感；在乡村研学中，研学旅游者通过亲手制作、亲身体验传统手工艺、民间艺术等非物质文化遗产，了解和理解非物质文化遗产的价值，有利于推动传统文化的现代转化与创新发展，促进文化的传承与发展。

（三）乡村研学是促进生态文明建设的生动实践

党的二十大报告提出，推动绿色发展，促进人与自然和谐共生。乡村与大自然密不可分，乡村的发展必须牢固树立和践行绿水青山就是金山银山的理念，探索人与自然和谐共生的发展模式。乡村研学以良好的乡村自然风光和生态环境为发展基础，通过科普宣传活动、绿色生活方式体验等活动，可以进一步增强旅游者的环境意识，培养绿色发展理念，如生活中的节水节能、减少污染、循环利用等；通过生态保护行动、生态修复科普等活动，旅游者有机会参与具体的生态保护行动，如植树造林、湿地保护、野生动物监测等，在实践中学习生态保护的知识和技能，可以成为生态保护行动的参与者；通过农业项目的探究式学习活动，旅游者可以了解和参与有机耕作、生态养殖等活动，了解有机农业的种植方法，理解不使用化学肥料和农药对保护土壤和水质的作用；学习了解生态农业技术，如循环农业、立体农业等知识，不仅能推动农业可持续发展观念的进一步传播和宣传，更能在学习者，特别是中小学生中播撒科学的种子，培养一代具有生态文明理念的公民，为实现绿色发展和生态文明建设奠定坚实的基础。

第三节
乡村研学的要素体系

乡村研学旅游的顺利开展首先需要厘清参与要素的内容、结构及关系。

一、乡村研学的要素体系概述

一般来说,旅游活动的开展有三个要素,即旅游者、旅游吸引物和旅游业,旅游者是旅游主体,旅游吸引物是旅游客体,旅游业为前二者的中介,主要包括旅行社、旅游交通和以饭店为主的住宿业。乡村研学旅游是一种教育旅游活动产品,在完成"生产—销售—消费"过程中,需要多方面要素参与和支持才能顺利完成,根据旅游活动的要素理论,这些要素根据属性可以分为乡村研学主体、客体和中介体(如表1-2所示),三大要素相互作用,协调发展。

表1-2 乡村研学的要素体系表

要素类别	具体内容	具体对象	作用
主体	乡村研学旅游活动的主角,主要是指以教育和学习为主要旅游目的的旅游者	有组织出行的中小学生、亲子游客群、其他全龄段客群	主导作用
客体	乡村研学旅游活动的实施对象,主要是指能吸引研学旅游者的乡村研学旅游产品	乡村研学旅游课程、乡村研学旅游线路、乡村研学旅游基地(营地)活动、相关文创周边等	吸引作用
中介体	乡村研学旅游活动的服务和支持者,是指为乡村研学旅游主体进行乡村研学旅游活动提供便利条件和外部支撑的组织和个体	政府、学校、家庭、旅行社、研学机构、研学营地、交通、民宿、酒店、景区等	支撑作用

二、乡村研学的主体

(一)概念

乡村研学主体是乡村研学旅游活动的主角,主要是指以教育和学习为主要旅游目的的旅游者。根据对象有广义与狭义之分,广义的乡村研学主体是指参与乡村研学旅游活动的所有旅游者,包含了不同性别、年龄、职业、收入等因素的个体或人群,比较常见的群体有中小学生、学前儿童、亲子团队、银发族等。狭义的乡村研学主体是指组团参加乡村研学旅游活动的中小学生和学前期儿童。本书采用广义的主体概念,泛指所有相关旅游者。

(二)主要类型及特点

研学旅游既是一种教育形式,也是一种旅游活动,教育和学习都是研学旅游的重要动机,它可能涉及对学习的普遍兴趣或有目的的学习,而教育动机的重要性在不同的类型细分中地位有所不同,研学旅游的教育或学习可以被视为一个连续统一体,从一端的"旅游时的一般兴趣学习"到另一端的"有目的的学习和旅游"。也可以采用管理学四象限图法,根据各主体对"旅游优先"和"教育优先"动机排序形成分类(见图1-1)。"旅游优先"是指在旅游过程中,学习是提高整体体验质量的刺激因素,比如成人或老年人参加的生态旅游、文化旅游等乡村研学旅游项目,一般是有组织、有互动、带导游的、正式或非正式的旅游;"教育优先"是指以参加教育培训为目的的乡村研学旅游项目,一般指中小学或大学生的正式研学旅游。

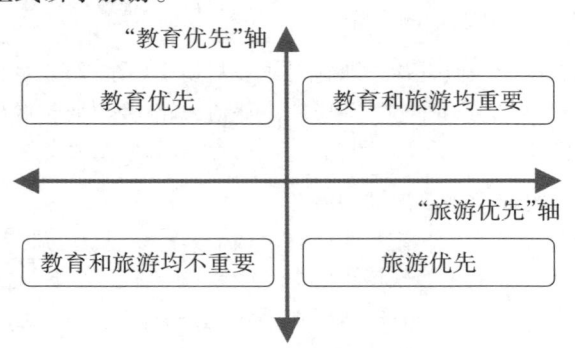

图1-1 各类主体动机选择类型图

根据图1-1所示,各类主体在参与乡村研学活动时,教育动机的强弱也会因人而异,根据主体的教育动机选择不同,可以把参加乡村研学的主体分为"教育优先"、"旅游优先"、"教育与旅游均重要"和"教育与旅游均不重要"四种类型。针对不同类型主体的特点,可以采用不同的营销方式、推荐不同的研学课程或线路等。

1."教育优先"类主体

这类主体主要以学校组织的学生、参加集中培训或训练的群体、公司团建等为主,如参加乡村实践教育活动的中小学生、暑期三下乡的大学生、户外训练的运动员、野外拓展训练的公司员工等,这类主体一般带着明确的教育和学习目的,以集体行动的方式前往乡村参加研学,从行动效益来看,仍然具有旅游活动属性。

2."旅游优先"类主体

这类主体主要以家庭旅游、生态旅游、文化旅游、营地旅游等旅游者为主,如亲子游群体、乡村露营群体、乡村采摘活动或节庆活动群体等,这类主体一般是以乡村旅游体验为重点,在旅游过程中希望有一定的学习环节以补充增长见闻,大多采用散客拼团或小包团形式进行,具有一定的教育活动属性。

3."教育与旅游均重要"类主体

这类主体主要以成年人各类主题游、学校在寒暑假组织的研学旅游等为主,户外如观流星旅游群体、乡村探险游群体、银发族的乡村非物质文化遗产游等,集体行动或散客前往均有,这类主体一般对主题的旅游体验和内容学习的期望值均较高,属于典型的教育旅游活动。

4."教育与旅游均不重要"类主体

这类主体一般不会组织或自发出游,但在参加乡村研学活动的团队中,会出现或存在这类主体,他们要么是对组织出行的活动不感兴趣,要么是对要参与的活动不了解,针对这类主体,研学导师或其他从业者需要适时关注并引导,避免对其他团队成员产生不良影响。

三、乡村研学的客体

(一)概念

乡村研学的客体是乡村研学旅游活动的实施对象,主要是指能吸引各类主体的乡村研学旅游产品。乡村研学旅游产品是以乡村自然和文化资源为对象,打造集课程、基地(营地)或景区(博物馆)、线路、指导师以及配套服务于一体的综合服务体系,研学课程是前提和基础,旅游线路是载体和形式,研学旅游指导师等人力因素是产品价值实现的推动者,研学基地(营地)、景区、博物馆、餐饮、住宿、交通等配套服务要素是乡村研学旅游产品的保障体系。乡村研学旅游产品是旅游产品与教育产品的有机结合,二者的整合,能够满足消费者的旅游和教育需求。

(二)主要类型及特点

1.分类

乡村研学客体按照不同的分类标准,有不同的类型。

根据乡村研学客体的概念内涵分类,乡村研学产品主要由课程、线路、基地营地活动以及周边文创等构成。

根据受众群体对象来源分类,乡村研学产品有面向B端(Business)以团体为主的产品,面向C端(Customer)以个体或直接用户为主的产品。

根据资源特点和体验内容,乡村研学产品可以分为农事体验型、文化教育型、户外拓展型、自然教育型、红色教育型。

根据开发主体分类,乡村研学产品可以分为自主开发和委托开发两类。

2.特点

乡村研学旅游产品是旅游产品与教育产品的有机结合,它与传统旅游产品、普通教育产品均有明显差异。

第一,乡村研学客体具有教育性。教育性要求进入乡村研学活动的乡村资源必须转换成课程资源,发挥其教育的效用和价值,这是研学旅游与其他旅游的重要区别。

第二，乡村研学客体具有体验性。乡村研学的课程、线路和活动等内容，在安排和实施时需要突出实践性的教学方式，满足各类主体个性化发展的学习需求。

第三，乡村研学客体具有结构性。一方面，结构性体现在课程内容设计、课程项目集群、课程线路组合、基地建设、导师培训等方面的系统化，另一方面，结构性还体现在研学产品要突出主题化设计。

四、乡村研学的中介体

(一)概念

乡村研学的中介体是乡村研学旅游活动的服务和支持者，是指为乡村研学旅游主体进行乡村研学旅游活动提供便利条件和外部支撑的组织和个体。乡村研学的中介体是研学旅游主体与客体的中介，可以帮助主体实现目的，实现客体价值，保障研学旅游有序进行，通常指为研学旅游主体与客体提供服务支持的部门、企业、个人，比如政府、学校、家庭、旅行社、研学机构、研学营地、交通部门、酒店、景区等。

(二)主要类型及特点

1. 官方中介体

组织与实施乡村研学旅游的官方中介体主要包括各级政府部门、学校。政府部门是研学旅游活动的引导者，学校是研学旅游活动的主要组织者，此类组织一般比较注重研学旅游的教育性和公益性，较多地关注中小学生研学活动，期望通过研学旅游的有序推进促进校内教育和校外教育的有机结合，实现中小学生素质教育目标。同时，根据近年来相关部门连续出台的系列政策文件，如《全国乡村产业发展规划(2020—2025年)》《"十四五"旅游业发展规划》《关于做好2022年全面推进乡村振兴重点工作的意见》《关于促进服务消费高质量发展的意见》等，充分说明政府及相关部门，特别是基层政府、乡村地区越来越重视乡村研学市场的经济价值、社会价值等，不断创造条件推动研学旅游拓展市场、关联产业。官方中介体有实力而且本身具有强烈的意愿为研学旅游创造良好的政策环境和条件。

2. 商业性中介体

商业性中介体指对乡村研学旅游活动有明确商业利益诉求的商业机构，包括教育培训机构、旅行中介机构、研学机构、商业性研学营地、景区，提供餐饮、住宿、交通、保险配套服务的企业，以及乡村地区的合作社、村民个体等组织和个人。商业性中介体是重要的市场保障和服务主体，出于企业盈利、塑造企业形象、推动乡村地区发展以及提高村民收入等目的，往往参与研学旅游服务的积极性高。此外，企业或合作社等中介体，一般具有资源丰富、设备齐全、服务专业、协调能力强、行业经验丰富、资金雄厚等优势。

3. 公益性中介体

公益性中介体指准官方或民间的公益组织，包括共青团、社会志愿者组织、行业协会等，为研学旅游参与者和组织者提供咨询建议、资金支持、医疗安全保障服务等，其目的在于辅助研学旅游活动顺利进行。一方面，研学旅游是校内教育的延伸，具有教育事业的公益性属性，而高品质的研学旅游对人才、资金、时间成本的要求较高，因此为了实现教育的公益性和公平性，公益组织积极参与进来。另一方面，研学旅游具有旅游产业属性，特别是乡村研学，尚处于新兴业态的起步时期，需要行业协会等组织进行帮扶和引导，从而提高产品质量，做好规范服务。

综上可以看出，乡村研学兼具教育和旅游产业属性，面向全龄段群体，其主体、客体和中介体均与其他旅游业态有明显区别，在乡村研学的发展中，需要厘清三要素关系，清楚辨识主体类型和特点，选择恰当客体，协调中介体关系。特别是在研学市场不断拓展的情况下，针对不同主体，出现公益性与收益性并行的情况，官方、商业、公益机构等中介体如何协同，如何有效调节利益相关者的关系，是乡村研学发展进程中需要关注和解决的重要问题。

第四节
乡村研学的运行体系

乡村研学旅游是一个系统工程,需要政府、学校、企业、社会等多方面的共同努力,才能真正发挥研学旅游的优势,为我国旅游业发展注入新的活力。具体来看,乡村研学的发展,离不开三大中介体协同共建规范的运行体系,形成"官方中介体统筹,商业中介体运作,公益中介体支持"的发展模式。

一、统筹和协调体系

政府各部门和学校等官方中介体,主要对乡村研学市场进行统筹和协调。

(一)政府牵头做好统筹保障工作

政府在旅游业发展进程中发挥着举足轻重的作用,主导做好宏观调控、市场监管、基础设施、公共营销、安全保障等方面工作,在服务于旅游目的地开发治理、品牌打造、公共营销、公共服务等方面,政府的作用不能被市场和社会所替代。作为宏观管理的一种方式,政府牵头的统筹保障工作是从全局出发,为保障乡村研学的有序健康发展,在政策、资源、条件等方面进行战略决策和通盘考虑。乡村研学作为研学旅游业态的重要分支,不仅要正确处理研学市场本身的发展问题,还要顾及乡村发展背景,涉及的利益主体、问题和矛盾将更复杂,政府主导,协调各方面关系,做好统筹保障工作,是非常有必要的。

第一,政府应做好乡村研学的政策支持。政策支持是研学旅游发展的重要保障。我国政府高度重视研学旅游的发展,出台了一系列政策文件,明确了研学旅游的规范、目标、特点、任务、措施等内容,近年来更加关注研学旅游的产业关联作用,不断加强研学在不同产业、场景、领域里的融合和利用。这些政策文件为研学旅游的规范发展提供了良好的政策环境,推动研学旅游的发展。但现有政策文件多为国家层面的宏观论述,针对乡村研学产品和服务标准化建设、操作规范等内容较少,难以解决迅速发展的乡村研学市场出现的难题和矛盾。

第二,政府应做好乡村研学的规划统筹。乡村研学市场处于刚起步时期,政府应结合乡村振兴、高质量发展等国家战略,建设教育强国、文化强国、旅游强国等战略目标,做好规划统筹,设计乡村研学的近期、中期和远期发展蓝图、工作任务以及相应措施,明确乡村研学应该"做什么""怎么做""做到什么程度"等,从宏观调控、中观区域布局、微观产品等统筹考虑,一体化规划,构建科学合理的乡村研学发展系统。通过规划统筹体系的建设,对乡村研学的现状及发展做出正确的研判,整合乡村研学需要的自然和文化资源,统筹规划乡村研学发展需要的人才培养以及专业的研学指导师认定,统筹规划乡村研学基地开发、业态和保障系统构建等。

第三,政府应做好乡村研学的资源协调。一是构建部门协调机制。乡村研学活动涉及部门多,服务链需要建立政府统筹、部门联动、专班推进的保障机制和运营机制,各个部门各司其职、各负其责,通过有效的协调推进和制度保障,共同推动研学旅游的健康发展。二是做好资源统筹协调。广义的研学资源包括研学活动所涉及的人员、资金、技术、设备等各资源要素,研学活动资源的统筹协调主要是指围绕研学发展和目标价值,利用行政、法律、管理、技术等多种手段,对研学资源及其功能方向、发展标准、保障服务等进行统筹安排并促进实施的过程。乡村地区的研学资源有相对较复杂的权属关系,如土地资源,就有使用权、所有权和转移权等,因此相关利益主体较多,需要较早介入并统筹协调。三是政府要统筹加强乡村文化资源、环境资源的保护。政府应制定相关政策和规定,确保乡村的物质文化遗产、非物质文化遗产以及优秀的乡风民俗等得到有效保护,要注重保护环境,避免研学活动对环境造成破坏。

（二）各部门及学校配合做好协调保障工作

第一，教育部门和学校要做好主要需求市场与供给市场的有效衔接。一是教育主管部门和中小学校要提前布局研学实践教育活动，将乡村研学活动纳入中小学教学计划，并将学科内容、教育规律、教学方法等融入研学课程设计、线路活动安排等，凸显教育属性；对乡村研学基地（营地）、课程、导师以及承办企业（机构）进行认定、管理、监督和评价。

第二，文旅部门要做好对乡村研学市场的管理和指导。在加强乡村文旅融合的基础上，文化和旅游部门对乡村研学市场的管理和指导工作，主要包括乡村研学资源的挖掘开发，协调乡村研学基地（营地），做好乡村研学实践教育服务，在乡村研学经费上争取门票优惠政策，配合教育行政部门审核研学实践教育基地（营地）和承办企业（机构），用好旅行社庞大的系统网络，做好乡村研学的安全服务，确保行业诚信、合法开展研学活动。

第三，其他部门要做好保障乡村研学活动的协调配合工作。乡村研学具有跨界融合、多方联动的突出特征，涉及的部门较多，除了主要的文旅与教育部门外，卫生健康部门、应急管理部门、公安部门、发改委、财政部门等多部门都为乡村研学提供了全方位的服务与管理保障。如卫生健康部门主要负责研学实践中的医疗救援救助、卫生健康安全管理，应急管理部门指导协调研学实践中突发事件的应急处置，公安部门主要做好研学安全教育及管理工作等。在发展乡村研学旅游进程中，各部门需要密切配合，为研学旅游者提供安全、安心和满意的研学体验。

二、实施和保障体系

各类教育中介机构、研学机构、基地以及相关企业等商业性中介体，是乡村研学活动落地的具体实施和保障主体。乡村研学是农文旅教等产业融合的新业态，既有"吃住行游购娱"六要素的旅游企业，也有基地、博物馆、合作社等涉及教育产业和农产业的相关企业（机构），共同构成研学产业的服务链。根据各企业（机构）在服务链上的任务和作用不同，将其分为上游的资源供应方、中游的专业研学服务机构和下游的渠道商。基地营地、博物馆、交通、食宿、教学设施设备等资源供应方处于产业链上游，有研学经营资质的旅行社、有旅行社资质的教育服务机构等服务中介体处于产业链中游，线上线下的销售商和平台处于产业链下游，乡村研学各主体为用户消费方，即终端用户。在产业运行过程中，上游、中游环节通过下游渠道商，向终端用户输送乡村研学产品。

（一）上游的资源供应方是实施和保障体系的运行基础

上游资源供应方的企业类型和数量较多，主要提供乡村研学旅游资源、设施设备、活动场地、吃住行以及讲解和指导服务等，为中游的服务机构进行课程研发和整合产品提供内容和资源。

第一，农村集体经济组织是乡村资源的主要供给方。乡村地区丰富的自然资源和历史文化资源，是设计研学产品的基础。乡村资源的权属一般较为分散，乡村振兴发展中逐渐成长起来的农业合作社等主体，是农村集体经济组织的重要代表，可以成为中游服务机构组合产品时对接的供给主体。

第二，乡村地区的各类基地（营地）、博物馆、景区等企业拥有相对完备的研学产品。乡村地区的基地（营地）、博物馆、景区等企业一般有优质的研学课程资源、专业的设计团队和运营团队、科学的管理制度以及完善的安全保障措施，拥有良好的餐饮住宿条件、必备的配套设施，主要为研学人员提供良好的学习、实践、生活的活动场所，是上游的重要资源供应方。

第三，其他相关企业可以为乡村研学提供必需的服务。交通、餐饮、住宿、教育设施等，是研学旅游产品的重要资源，形成乡村研学目的地接待能力的硬实力，也反映了研学产品的整体实力和发展规模；讲解、保险、服装、咨询、研究、媒体、营销等资源供应方，从不同领域为开展乡村研学活动提供服务。

（二）中游的专业研学服务机构是实施和保障体系的重要支撑

中游属于乡村研学组织实施环节，其盈利点在于整合产品、销售产品和提供服务。中游的专业研学服务机构将乡村资源研发设计为研学课程、线路等，整合交通、餐饮、住宿等供应方的服务产品，与学校合作或自行寻找研学旅游指导师，形成完整的乡村研学旅游产品。

第一，有旅行社资质的教育服务机构具备天生的教育基因。一是教育服务机构具有丰富的教育基础。乡村研学课程及项目活动涉及地理、历史、语文、生物、政治等多学科，要求结合资源挖掘学科知识，并设计多元活动形式，教育中介机构拥有复合型、综合型的教师团队，熟悉教学大纲，能够将学校教学内容与研学教学内容进行链接映射，对于研学课程的教学目标，在课程规划、课程实施、课程评价等环节能够进行针对性的设计。二是教育服务机构具有充足的准研学师资。机构教师在教育学、心理学等学科知识和技能方面多有积累，具有丰富的教学技能与方法，以及沟通协调的经验，对学生有爱心，具备研学旅游指导师必需的协调能力、领导能力和组织能力，在经过专业培训后，能成为优秀的研学师资。在国家"双减"政策推行、倡导素质教育的背景下，有许多教育服务机构转向研学行业的成功案例，如世纪明德投资设立了研学旅游电商平台"乐学营"，瑞思教育推出"瑞思研学"等。

第二，有研学经营资质的旅行社具备天然的经营基础。一是旅行社是经营旅游产品的主体。从整体产品来看，研学的旅游产品的属性更明显。《研学旅行服务规范》明确规定，研学旅行的承办方是指与研学旅行活动主办方签订合同，提供教育旅游服务的旅行社。不管从旅游产品属性来看，还是从研学相关规定来看，都明确旅行社是经营研学的主体。二是研学市场是旅行社重要的业务发展方向。乡村研学是"教育+旅游+乡村"的新兴业态，是乡村旅游的细分市场，成为旅行社的业务发展新方向。在现有条件下，旅行社应充分调研和认识乡村研学与其他研学产品、乡村旅游产品的异同，既要着重发挥线路设计、食宿安排、旅行计调等方面的优势，更要在乡村研学产品设计、课程开发、导师能力、教育素养等方面加强学习和提高。

（三）下游的渠道商是实施和保障体系的运行端口

下游的渠道商直接面向消费端，通过各自的业务模式，销售乡村研学产品，并提供评价和反馈。

第一，下游的渠道商是由线上和线下销售商构成。第一类是以传统旅行社为代表的线下销售商，其商务模式与提供一般产品的旅行社相似，通过自己的渠道和广阔的客源市场销售乡村研学产品,从中赚取差价。线下渠道商具有丰富的实地经验和资源,能够为消费者提供更为真实和深入的乡村研学体验。第二类是以携程、去哪儿、同程等为代表的互联网电商企业,其商务模式是通过互联网线上销售乡村研学产品,主要盈利模式仍然是收取佣金。线上渠道商为消费者提供了丰富的选择,使他们可以根据自己的需求和预算选择适合自己的乡村研学产品。

第二,下游的渠道商是乡村研学产品评价与反馈的重要收集端口。乡村研学产品评价与反馈是研学实施和保障体系的重要组成部分,包括游客满意度、旅游产品的设计和推广效果、旅游服务的质量等。线下渠道商一般根据消费者的评价和反馈,对乡村研学产品进行优化,线上渠道商一般会结合评价和反馈情况进行数据分析,为上游和中游的企业提供有针对性的市场反馈,帮助他们进行产品优化和营销策略调整。

三、协同和支持体系

准官方或民间的公益组织、行业协会等主体是乡村研学的公益性中介体,乡村研学的发展目前还面临着诸多挑战,如资金不足、资源匮乏、基础设施不完善等问题,公益性中介体可以在资源整合、政策倡导、资金支持、人才培养、宣传推广、监督评估、跨界合作等方面提供支持,促进各中介体协同合作。

(一)公益组织逐渐凸显宣传引导与辅助推进的价值

第一,公益组织可以充分发挥宣传引导功能。以准官方公益机构共青团组织为例,面向中小学生的乡村研学产品,要以落实立德树人为根本目标,由共青团组织等准官方公益机构参与产品设计、实施与评价,可以有效保证正确方向。共青团组织能够引导旅游企业推出更多符合青少年游客需求的乡村研学产品,同时通过对研学旅游的推广宣传提高社会认可度、重视度,组织青年研学旅游推荐官通过媒体渠道进行宣传推介,引导青少年前往乡村研学旅游目的地,传扬积极向上的价值观。

第二,公益组织可以提供一定的资金支持和保障。公益组织可以利用自身资源优势,通过各种渠道为乡村研学旅游项目提供资金支持,如捐款、捐物、投资等。这些资金可以用于乡村研学旅游项目的建设、运营和推广等方面,为乡村研学旅游的发展提供有力的支持。

第三,公益组织可以提供必要的技术支持。公益组织可以利用自身在教育、文化、旅游等方面的专业知识和经验,为乡村研学旅游项目提供技术支持,如提供培训、咨询、指导等服务,这些技术支持可以提高乡村研学旅游项目的质量,提升游客的体验感,同时也能够为乡村研学旅游项目的发展提供必要的支持。

第四,公益组织可以提供需要的人才支持。公益组织可以吸引和培养一批具有专业知识和技能的人才,如教育专家、文化学者、旅游规划师、社会志愿者、民间文化传承人等,为乡村研学旅游项目提供人才支持,这些人才可以参与乡村研学旅游项目的策划、设计、运营等方面,为乡村研学发展提供必要的支持。

(二)行业协会充分发挥协同多方和专业指导的作用

第一,行业协会组织可以协同多方制定行业标准和规范,引导和规范乡村研学旅游的发展。这些标准和规范包括对研学课程的设计、实施和评价的要求,对研学机构的资质和运营要求,以及对研学旅游产品的质量和服务的要求等。通过这些标准和规范,行业协会组织可以确保乡村研学旅游的质量,提高游客的满意度。

第二,行业协会组织可以通过举办行业活动和培训,提高从业人员的专业素质。这些活动和培训包括对研学课程设计和实施的培训,对研学机构运营和管理的专业培训,以及对从业人员服务技能和沟通能力的培训等。通过这些培训,行业协会组织可以提高从业人员的专业素质,提升行业的整体服务水平。

第三,行业协会组织可以通过与政府和其他相关部门的沟通和协调,争取政策和资金的支持。这些组织可以协助政府制定和实施乡村研学旅游的政策,如税收优惠、资金支持等,以鼓励和引导社会资本投入乡村研学旅游。

第四,行业协会组织可以通过开展行业研究和调查,了解乡村研学旅游的需求和问题,为决策提供依据。他们可以对乡村研学旅游的产品和服务进行评价,了解游客的需求和满意度,为产品和服务的改进提供方向。

乡村研学旅游的运行体系是一个综合性的体系,需要各个部门、企业、机构等中介体密切配合,设计出符合研学旅游者需求的乡村研学产品,并提供良好的服务。

第五节

乡村研学的运营管理

乡村研学的要素体系和运行体系主要是从宏观整体视角分析产业发展的参与主体及发展模式。乡村研学的要素体系明确了参与研学旅游发展的三大要素及关系,运行体系强调乡村研学旅游的三大中介体要通过建立相互关联的系统打造发展所需的有机整体,以保持产业内部的协调一致性和高效率。在此基础上,要进一步从微观个体视角,重点研究产业链上的乡村研学企业(组织)是如何创造价值、交付价值和获取价值的,即企业(组织)如何通过特定的方式与市场互动,满足客户需求,实现盈利。这就涉及运营管理的内容。

一、运营管理概述

(一)运营管理的内涵

1. 运营管理的基本概念

运营管理是指对社会组织运营系统进行规划、设计、组织和控制,其主要任务为在适当的时间、以适宜的价格,向顾客提供适当质量的产品和服务。

(1)运营管理的过程

运营过程是指一个"投入→转换→产出"的过程,是一个劳动过程或价值增值过程。如蔬菜加工企业,投入蔬菜等农产品、厂房、机器设备、能源、人力等劳动资料,通过清洗、加工和包装等劳动手段和方式,生产出脱水蔬菜这种产品;如咨询公司,投入咨询内容、相关人员以及设备设施等,通过提供专业的咨询服务,形成咨询方案、报告等产品;如餐饮服务企业,购买食材等原材料、雇用员工、租用或购买门面房屋以及设施设备等,形成主要投入,通过食材加工和标准化服务等,提供餐饮服务。现代生产管理中的运营过程是整个企业围绕着产品生产的一系列活动,分为有形产品生产和无形服务运作两类,有形产品生产以制造产品为特征,无形服务运作以提供劳务为特征。

(2)运营管理的研究对象

运营管理的研究对象是运营系统,它是使运营过程得以实现的物质手段的总称,是为了达到企业生产经营目的,由相互联系和相互作用的劳动者、生产手段、生产对象、生产信息等生产要素结合而成,并按预定的目标、计划和生产技术要求从事产品生产/服务提供活动的有机整体。

2.运营管理的分类及特点

(1)运营管理的类型和特点

根据输出不同,运营管理分为制造业运营管理和服务业运营管理,二者在运营的基本组织方式、产品和运营系统设计方式等方面有着明显的区别(见表1-3),其中,服务业运营管理的最大特点是顾客参与服务过程。

表1-3 服务业运营管理与制造业运营管理的特点对比

内容	服务业运营管理	制造业运营管理
运营的基本组织方式	以人为中心组织运营;需求有很大的不确定性,无法预先制订周密的计划;即使预先规范好服务程序,仍然会由于服务人员的随机性和顾客随机性产生不同结果。	以产品为中心组织运营;根据市场需求预测或订单制订生产计划,并在此基础上采购所需物料,安排所需设备与人员;以生产进度、产品质量和生产成本为控制对象。
产品和运营系统设计方式	服务与服务提供系统同时设计;服务提供系统是服务本身的一个组成部分(即服务的"环境"要素),两者的设计不可分离。	产品和生产系统可分别设计;同一产品可采用不同的生产系统来制造。例如,可采用自动化程度截然不同的设备生产同一产品。
库存调节供需矛盾的作用	无法预先把"服务"生产出来,无法用库存来调节需求:例如,航空公司无法把某航班的空座位存起来销售给第二天的客户。	可以通过库存来调节供需;可以充分利用一定的生产能力,预先将产品制造出来,以满足高峰时的需求和无法预期的需求。

续表

内容	服务业运营管理	制造业运营管理
顾客在运营中的作用	积极作用：促使企业提高服务效率，提高服务设施利用率；消极作用：造成服务干扰。	制造业企业生产系统相对封闭，顾客在生产过程中不起作用。
职能间界限划分	生产运营、销售、人力资源管理职能很难区分，必须树立三者集成的观念，用集成的方法进行管理。	生产运营、销售、人力资源管理三者职能划分明显。
需求地点相关性	生产与消费同时发生，服务提供者与顾客必须处于同一地点；不是顾客到服务地（如到餐厅就餐）就是服务提供者上门服务。	生产与消费相对分离，销售地点需要靠近顾客，服务设施须分散化。
人力密集特性	服务组织中员工地位更重要；员工的知识、技能与表现对服务运营效率影响极大；服务业中的技术进步更多体现为员工技能的更新和管理水平的提高。	制造业对人力的依赖相较服务业略低。

(2)服务业运营管理

服务业运营是将人力、物料、设备、资金、信息、技术等生产要素（投入）变换为无形服务（产出）的过程。服务业运营管理是指对服务业企业所提供服务的开发设计的管理，对服务业运营过程及其运营系统的设计、计划、组织和控制。它包括完整服务项目和服务提供系统的设计，服务运营活动的计划、组织与管理，服务营销与服务运营的集成，服务提供过程中对质量、成本、时间的控制等。

服务业运营管理也有不同类型，企业要充分研判并根据不同类型特点进行管理。常见的分类多以顾客的需求特征为依据，分为通用型和专用型服务业运营管理。

通用型服务业运营管理主要是针对一般的、日常的社会需求所提供的服务。主要特点是客户参与少，服务规范，服务有明确的前后台之分，客户只在前台服务中介入，后台与客户没有直接联系。一般可以采用引入制造业的自动化程度高的设备和技术进行管理，以实现规模效益。目前在公共服务领域，如银行医院的排队取号、车站机场的旅客通行、学校的人才培养、饭店的流程服务等，客户需求趋同的情况下，大多采用通用型服务业运营系统。

专用型服务业运营管理主要是针对客户的特殊要求或一次性要求所提供的服务。主要特点是客户介入较多，前后台不明显，服务性更强，难以使用统一的服务过程规范。一般采用规模效益以外的途径提高管理效益。如在公共服务领域针对特殊群体的排队和通行照顾、律师事务所的服务、医院的诊断服务、定制旅游以及研学旅游的客户等，这些消费者对同一服务产品的需求存在差异，需要进行独立沟通和服务。

(二)运营管理的内容

运营管理的目标是高效、低耗、灵活、清洁、准时地生产合格的产品或提供满意的服务，其内容主要包括运营战略的制定、运营系统的规划与设计、运营系统的运行和控制、运营系统的维护和改进。

1.运营管理战略的制定

运营管理战略是企业根据选定的目标市场和产品特点来构造其运作系统时所遵循的指导思想以及在这样的指导思想下的一系列有关决策的规划、内容和程序。在充分考虑市场环境、竞争对手、内部资源和能力等多方面因素基础上，企业的运营管理战略需要确定运营管理的总体战略、产品或服务的设计与开发、运营系统的设计与优化三个方面的内容。

运营管理的总体战略，包括产品或服务的选择战略、自制或外购战略、运营管理方式选择战略。产品或服务的选择战略是确定企业以何种产品或服务来满足市场需求和实现企业发展；自制或外购战略是确定这种产品是完全自制还是组装自制；运营管理方式选择战略是确定产品或服务的生产组织方式，如大批量低成本生产，或多品种小批量生产。

产品或服务的设计与开发，主要是在产品或服务选择的基础上，进一步组合各种不同的产品或服务，采用的设计与开发战略可以分为技术领先者或技术追随者、自主开发或联合开发、外购技术或专利、基础研究或应用研究。企业通过成本、产品差别化等因素研判做技术领先者或技术追随者，技术领先者成本高、风险大,但竞争优势明显,回报丰厚,而技术追随者成本低、风险小,但竞争受制于人,回报较低;自主开发对企业实力和规模有较高要求,联合开发可以实现资源和市场的多赢;外购技术或专利主要适用于没有条件进行自主开发或联合开发的企业,通过外购研究成果,可以节约成本、缩短研发周期;基础研究是对某个领域的某种现象进行研究,时间长投入大,不一定能转化为产品,但一旦转化对企业能发挥巨大作用,应用研究是对潜在应用领域的针对性研究,实用性强,较容易转化,但需要基础理论的支撑。

运营系统的设计与优化是企业战略管理的一项重要内容,也是企业战略实施的重要步骤,主要有选址、设施布置、工作设计、考核与报酬等规划和设计四个方面的内容。

2.运营系统的规划与设计

实施运营战略前需要进行运营系统规划与设计。运营系统的规划与设计包括产品或服务的选择及设计、运营流程的设计、运营能力规划、运营系统选址和设施布置、服务交付系统设计和工作系统设计等。

产品或服务的选择及设计,要充分考虑顾客的真实需求和坚持科学的开发理念,新产品或服务在开发时要分析产品生命周期、市场竞争的状况、消费者需求的变化等因素,做好产品设计与开发的过程管理和技术选择。针对服务产品,要重点设计以易用、满意、信赖、有效为服务目标,顾客能感知的一系列有形产品和无形服务的组合,以及精准的服务策略。

运营流程的设计,在产品或服务设计确定后,就可以根据产品与服务的特点和企业的运营战略及竞争优势,进行运营流程的设计。设计时要加强跨部门协作,以高质量标准和成本效益为底线,构建能够快速响应市场变化的灵活、高效、客户导向的系统。针对服务业运营管理,要关注服务流程的设计,服务流程是为顾客提供服务的全过程,包括顾客接触、服务提供过程和售后服务过程等,合适高效的服务流程能提高顾客满意度和获得顾客喜爱。

运营能力规划,从制造业来看主要是指生产能力即产能规划,主要受产品、人员、设施、工艺、运作以及其他因素影响,服务业能力规划主要受时间、选址、需求的不稳定性等因素影响,因此运营能力规划要综合考虑企业使用的资源、技术、流程和人员,旨在提高企业的核心竞争力,确保企业的长期稳定发展。

运营系统选址和设施布置,主要包括企业的生产和服务地选址,对设施的专业化和优化布置等。服务交付系统设计,主要指物流配送系统,包括仓储管理、运输管理、库存管理等模块,这些模块需要集成在一起,以便实现信息的共享和协调。工作系统设计,包括组织结构设计、岗位设置、人员定编等内容。

3.运营系统的运行和控制

运营系统的运行和控制是对运营系统的正常运行进行计划、管理和控制,是确保企业日常运作顺利进行并达到既定目标的关键环节。根据运营战略及运营系统的设计,运营系统的日常运行与控制管理包括运营计划管理、主生产计划控制、作业计划控制、生产进度控制、库存管理、质量管理、物流控制、成本控制、信息系统管理以及供应链管理、人力资源管理等,主要是使运营系统满足市场需求的变化,输出合格产品和提供满意的服务,实现运营管理的目标。

4.运营系统的维护和改进

运营系统的维护和改进是一个持续的过程,旨在确保运营效率、降低成本、提高产品和服务质量,并最终提升客户满意度。根据运营系统的运行情况和企业内部、外部环境的动态变化,对系统进行维护与改进,使运营系统的运行更加协调、生产效率更高,以适应企业的发展和市场竞争的需要。运营系统的维护与改进包括系统的升级换代、设备管理与可靠性、生产现场管理和生产组织方式的改进、管理规章制度的完善等。

二、乡村研学的运营管理过程

乡村研学的运营管理属于服务业运营管理的范畴,是指研学旅游企业(组织)关于乡村研学服务运营系统的战略决策、运行、维护和改进的过程。通过提升乡村研学的运营管理水平,企业可以进一步提高旅游开发水平和资源利用效率,产出高质量的研学服务和产品,以提高研学旅游者的满意度和忠诚度,从而不断提高企业的盈利能力;还可以深入推动乡村传统文化的传承和保护,促进乡村环境的改善,提高乡村居民的生活质量,促进乡村的可持续发展,从而为社会创造更多的价值。

结合运营管理的内容,乡村研学的运营管理过程如下。

(一)明确目标和战略

明确目标和战略,是制定运营管理战略规划的重要内容,也是乡村研学运营管理的基础和指南。

在设定乡村研学旅游的目标时,我们可以从市场份额和客户满意度两个方面来考虑。市场份额是衡量一个产业或产品受欢迎程度的重要指标,提高市场份额意味着要深耕研学细分市场,吸引更多的研学旅游者对乡村研学产品的关注和消费,可以进一步助力乡村振兴。客户满意度是衡量一种产品或服务质量的重要指标,提高客户满意度意味着在教育和旅游属性上着力产品研发,提升研学旅游者对乡村研学的体验感和收获感,进一步提升乡村研学产品以及研学企业(组织)的口碑。同时,要重视乡村研学的教育属性、乡村场景,还应当设定教育价值、社会效益和环境效益的目标,即研学企业推出的乡村研学产品是一种具有广泛市场需求和良好教育价值的旅游活动,在为当地经济发展做出贡献的同时,还有利于传统文化传承等社会效益的提升,还可以通过宣传环保理念助力乡村环境保护。

为持续突破这两个目标,乡村研学的运营战略规划需要明确两个重要的方向。一是不断加强产品创新,这是至关重要的。乡村研学产品需要具有乡村特色,且具有显性的教育性和趣味性,能够满足研学旅游者对乡村生活的向往和实现具体的教育目标。二是持续推进市场拓展,这是必不可少的。研学企业需要通过各种渠道,如网络、旅行社等,将乡村研学产品推向市场,吸引更多的客群参与;此外,还需要加强与学校、企业等机构的合作,争取接受委托定制,推出更具针对性的乡村研学旅游产品。

(二)分析市场和竞争环境

市场和竞争环境分析是了解市场需求和竞争态势的重要手段,是研学企业在制定运营战略规划时首先要做的工作,可以帮助研学企业制定合适的运营策略。

市场分析主要是结合运营目标和战略,进行市场调研和预测。可以通过调查问卷、访谈等方式了解乡村研学市场需求,包括乡村研学客群主体的类型、对研学产品的需求、偏好、消费习惯、当地政府及村民的需求等信息;同时还要对资源及其利用进行调研,充分了解当地的文化、自然、历史等资源及开发利用情况,另外,还需要了解竞争对手的情况等。这些信息将有助于确定乡村研学的运营计划。

竞争环境分析主要包括对外部环境和企业内部条件的分析,通过外部环境的分析发现企业面临的机会与威胁,通过内部条件的分析总结出企业的优势和劣势。此外,还要对研学企业制定的总体战略和竞争战略进行系统分析。

常用的竞争环境分析方法有PEST分析方法、波特五力竞争模型、SWOT分析法等。

PEST分析方法是对行业宏观环境分析的常用方法。宏观环境是指影响所有行业和企业的各种宏观因素。对宏观环境因素作分析,不同行业根据自身特点和需求,分析的具体内容也会有所差异,但一般都应该对政治(Politics)、经济(Economy)、社会(Society)和技术(Technology)这四大类影响行业和企业的主要外部环境因素进行分析,旨在揭示外部环境对企业绩效所产生的影响。因此,该方法被简称为PEST分析方法。

波特五力竞争模型可以有效地分析公司的竞争环境,波特认为一个产业内部的竞争状况取决于五种基本竞争作用力,即供应商议价能力、购买者议价能力、潜在进入者、替代品威胁和现有企业间竞争,将这五种竞争因素融合到一个模型中,来分析特定产业的竞争情况,简称为波特五力竞争模型。

SWOT分析法是对企业的优势(Strengths)、劣势(Weaknesses)、机会(Opportunities)和威胁(Threats)的分析,它集合了企业(内部)分析、环境(外部)分析和组合分析的结果,即基于内外部竞争环境和竞争条件下的态势分析,将与研究对象密切相关的各种主要内部优势、劣势和外部的机会和威胁等,通过调查列举出来,并按照矩阵形式排列,然后用系统分析的思想,把各种因素相互匹配起来加以分析,从中得出一系列相应的结论,并据此确定企业的战略定位,最大限度地利用内部优势和机会,而结论通常带有一定的决策性。

(三)制订运营计划

运营计划,是对于某一特定运营活动的详细计划,包括运营的时间、地点、人员、物品等各个方面的安排。制订合理的乡村研学运营计划,对研学活动的全面系统把握、提高运营效率、确保研学安排等方面具有重要意义。

制订运营计划主要的步骤如下。

第一,结合运营管理战略目标,前期市场调研结果等信息,对乡村旅游的资源、市场、竞争环境进行全面分析,制订乡村研学运营计划的具体目标。

第二,结合市场调研的结果,设计符合研学旅游者需求的乡村研学旅游产品。这些产品应该包括但不限于研学课程、研学线路、相关活动、营地基地或景点,以及住宿、餐饮等内容。产品设计是乡村研学的核心,直接关系到研学旅游者的参与度和满意度,在设计时要注意突出主题、体验性强、安全可靠、在地化特色明显、凸显乡村化等特点。

第三,根据产品特色制订营销策略。在产品设计完成后,可以结合乡村研学产品和目标市场的特点,制订出具有针对性和实效性的营销方案。通过营销推广,吸引设定好的乡村研学目标客群。推广方式多元化,如社交媒体、线上广告、线下活动等,同时,还可以与学校、企业等机构开展定制合作。

第四,针对可能出现的风险,进行风险评估和应对措施制定。乡村研学旅游是一项具有风险的活动,可能会受到自然灾害、政策变化、市场竞争等因素的影响。在制订运营计划时,需要对可能的风险进行评估,并制订出相应的应对措施,以应对可能出现的问题。

(四)实施运营计划

对乡村研学旅游运营计划进行有效实施需要综合考虑多个因素,包括计划的可行性、团队的组织、计划的执行以及评估等。

首先,需要确保运营计划的可行性。可行性主要包括目标可行、所需资源足够等,可能还要结合实际情况,调整优化运营计划的时间、地点、内容等。

其次,需要有效地组织团队。包括明确团队成员的职责和角色,并确保团队成员之间有良好的沟通和协作。还要为团队成员提供必要的培训和支持，如导游、领队、研学指导师、后勤人员等培训，通过建立一支专业的团队，从而能够有效地执行计划，以确保乡村研学旅游的质量和效果。此外，还要与当地的政府部门、企事业单位和社区组织建立良好的合作关系，共同推动乡村研学旅游活动的顺利开展。

然后，需要有效地执行计划。这包括确保计划按照预定的时间表进行，并且团队成员能够按照计划的要求执行任务，以确保计划中的各个环节能够协调一致，同时能够有效地应对计划外的问题和挑战。

最后，需要进行风险控制。这是乡村研学旅游运营计划实施的关键环节，要在实施过程中对自然灾害、突发事件等风险进行充分的评估，并能够根据应急预案对现场进行有效控制，以确保研学旅游者的人身财物等安全，保证研学旅游顺利进行。

（五）监测和评估运营情况

监测和评估运营情况，是有效评估计划效果的重要环节，主要包括评估计划的目标是否达成，以及计划对当地社区、政府和游客的影响等，监测和评估结果可以作为计划持续调整和改进的依据，有助于乡村研学旅游的健康发展。监测和评估运营情况主要包括以下三个方面内容。

第一，要对乡村研学旅游的运营情况进行较全面的数据收集，这包括客群数量、消费水平、活动参与度等方面的数据。这些数据可以通过在线调查、实地考察、数据分析等方式进行收集。

第二，要对这些收集到的数据进行深入的指标分析。例如，可以通过客群数量和消费水平来评估乡村研学旅游产品的发展情况，通过活动参与度和游客满意度来评估乡村研学旅游的服务质量。此外，还可以通过数据分析来评估乡村研学旅游的收益情况，以及对乡村振兴的贡献率。

第三，要对乡村研学旅游的运营情况进行绩效评估。包括对经济效益、社会效益和环境效益进行评估。

(六)持续优化运营管理

乡村研学旅游产业的发展、产品的改进,研学企业的发展,都离不开对运营管理的持续优化。

首先,技术创新是乡村研学旅游运营管理持续优化的关键。随着科技的进步,要充分利用互联网、大数据、人工智能等技术,对乡村研学旅游的运营管理进行实时监控和调整,提高运营效率,降低运营成本。例如,可以通过互联网平台,实时了解客群的需求、偏好等信息,为游客提供更加个性化的服务;通过大数据分析,可以对研学旅游者的研学效果进行分析和预测,为运营决策提供依据;通过人工智能技术,可以对客群的体验感受进行评估,为优化服务提供参考。

其次,管理创新是乡村研学旅游运营管理持续优化的必要手段。传统的乡村研学旅游运营管理模式,往往过于注重研学课程、线路等产品的开发和营销,忽视了客群的潜在需求和深度体验。因此,研学企业需要在管理上进行创新,以研学旅游者为中心,提供更加人性化、个性化的服务。例如,通过设立游客体验官,了解需求和建议;通过第三方评价机构,对产品质量和服务进行评估。

最后,服务优化是乡村研学旅游运营管理持续优化的重点。服务是乡村研学旅游的核心,优质的服务可以提高客群的满意度和口碑,进而吸引更多的群体。因此,研学企业需要在服务上进行优化,不断提高服务质量。例如,可以通过培训研学指导师,提升其教育专业素质和旅游服务意识;通过提供非遗文创、农耕劳作等体验项目,丰富客群的教育旅游体验;通过设置课程休息与反思时段,提高研学产品的教育获得感。

(七)跟踪和反馈

跟踪和反馈可以帮助研学企业及时发现和解决运营管理中存在的问题。乡村研学旅游运营管理的跟踪和反馈方法,主要包括客户反馈、市场反馈和员工反馈三种。

客户反馈,是指研学旅游者在参加乡村研学活动后,通过问卷调查、访谈等方式向组织者反馈自己的意见和建议。这些反馈可以帮助组织者了解游客的需求和期望,进而改进研学产品和提高服务质量。此外,客户反馈还可以帮助组织者了解游客对乡村研学旅游目的地的印象和评价,为今后的旅游推广和策划提供参考。

市场反馈,是指组织者通过市场调研和数据分析,了解各类客群对乡村研学旅游的需求和偏好,以及竞争对手的情况等。这些反馈可以帮助组织者调整乡村研学产品和策略,以满足市场需求和提高竞争力。此外,市场反馈还可以帮助组织者了解乡村研学市场的变化和发展趋势,为今后的研学旅游策划提供参考。

员工反馈,是指组织者通过员工满意度调查和绩效考核,了解员工对乡村研学产品和相关服务及管理工作的意见和建议。这些反馈可以帮助组织者提高员工的工作积极性和满意度,进而提高研学产品和服务的质量。此外,员工反馈还可以帮助组织者了解员工的工作压力和困难,为今后的员工管理和培训提供参考。

在乡村研学旅游运营管理过程中,研学企业(组织)要紧扣乡村研学市场,注重乡村地区的经济、社会和环境效益目标的协调统一,运用创新理念,深入分析和充分利用乡村地区的自然、历史和文化资源,重点加强产品设计、营销管理和服务管理,以持续推动乡村研学旅游的发展,进而助力乡村全面振兴。

第二章
乡村研学市场分析

- 乡村研学市场宏观环境分析
- 乡村研学微观环境分析
- 乡村研学客群分析

第一节
乡村研学市场宏观环境分析

乡村研学市场宏观环境主要从政治环境、经济环境、社会文化环境和技术环境四个方面进行分析。

一、政治环境

近几年,国家政策大力提倡和鼓励开展研学旅游活动,尤其注重引导学生走进乡村,了解乡土文化和农耕文明,培养学生的实践能力和创新精神。政策环境对乡村研学的发展起着重要的引导和支持作用。下面从素质教育政策、新德育政策、"双减"政策、乡村振兴战略等几方面进行阐述。

(一)素质教育政策的推进

素质教育政策是中国教育改革和发展的重要方向,旨在培养具有全面素质、创新精神和实践能力的社会主义建设者和接班人。改革开放以来,党和国家一直高度重视全民族素质的提高,将其视为关系到社会主义现代化建设全局的一项根本任务。在1985年第一次全国教育工作会议上,邓小平强调,必须加快将我国庞大的人口规模转化为巨大的人力资源优势。同年发布的《中共中央关于教育体制改革的决定》中明确指出,在整个教育体制改革过程中,必须牢牢记住改革的根本目的是提高民族素质,多出人才,出好人才。此后,在《中共中央关于社会主义精神文明建设指导方针的决议》中也强调"提高整个中华民族的思想道德素质和科学文化素质"。这是素质教育的最初思想源头。

1993年2月,中共中央、国务院发布的《中国教育改革和发展纲要》中指出:"中小学要由'应试教育'转向全面提高国民素质的轨道,面向全体学生,全面提高学生的思想道德、文化科学、劳动技能和身体心理素质,促进学生生动活泼地发展,办出各自的特色。"为了贯彻和落实《纲要》,在1994年召开的全国教育工作会议上,李岚清提出:"基础教育必须从'应试教育'转到素质教育的轨道上来,全面贯彻教育方针,全面提高教育质量。"同年8月,《中共中央关于进一步加强和改进学校德育工作的若干意见》第一次正式在中央文件中使用了"素质教育"的概念。随后,素质教育观念逐步转化为各地各部门的积极探索和生动实践。1997年10月29日,国家教委颁发的《关于当前积极推进中小学实施素质教育的若干意见》强调:"在中小学全面贯彻国家的教育方针,积极推进素质教育,已经是摆在我们面前的刻不容缓的重大任务。"由此,掀起素质教育实践的高潮。1999年,国务院批转教育部制定的《面向21世纪教育振兴行动计划》明确提出,实施"跨世纪素质教育工程",整体推进素质教育,拉开了素质教育从典型示范转向整体推进和制度创新的序幕。2001年,经国务院同意,教育部颁发了《基础教育课程改革纲要(试行)》,启动了新一轮基础教育课程改革,到2009年秋季,全国义务教育阶段全面实施新课程,这次课程改革在推进素质教育的过程中起到了核心和关键的作用。随着以人为本的素质教育理念逐渐深入人心,一套以素质教育为核心理念的教育质量保障体系正在逐步形成,中小学素质教育呈现出了良好的发展态势。

素质教育的推进,势必要求转变教育观念、改革课程体系、改进教学方法。2013年,国务院办公厅印发《国民旅游休闲纲要(2013—2020年)》,提出了要"逐步推行中小学生研学旅行……鼓励学校组织学生进行寓教于游的课外实践活动"。2014年8月,国务院印发《关于促进旅游业改革发展的若干意见》,从国家层面上首次倡导具有中国特色的研学旅行,将研学旅行作为青少年爱国主义和革命传统教育、国情教育重要载体,纳入中小学生日常德育、美育、体育教育范畴等。根据该意见,按照教育为本、安全第一的原则,建立小学阶段以乡土乡情研学为主、初中阶段以县情市情研学为主、高中阶段以省情国情研学为主的研学旅行体系。此时,乡村研学已有实践。2016年底,教育部等11个部门又联合发布《关于推进中小学生研学旅行的意见》,首次将研学旅行纳入国家教育政策,直接进一步推动国内中小学积极开展研学旅行的热潮。

研学旅行继承和发展了我国传统游学以及"读万卷书,行万里路"的教育理念和人文精神,鼓励学生走出课堂,在真实的社会环境和自然环境中探索、研究和学习,有助于提升学生的实践能力、团队协作能力和创新能力等多元素质,成为素质教育的新内容和新方式。

(二)新德育政策的实施

为深入贯彻落实立德树人根本任务,增强中小学德育工作的时代性、科学性和实效性,大力促进德育工作专业化、规范化、实效化,努力形成全员育人、全程育人、全方位育人的德育工作格局,2017年8月,教育部制定了指导中小学生德育工作的《中小学德育工作指南》。该指南提出要根据中小学德育工作的特点,坚持教育与生产劳动、社会实践相结合,学校教育与家庭教育、社会教育相结合,形成德育工作的合力;从中小学生的成长规律出发,中小学德育工作要以培养学生良好思想品德和健全人格为根本,以促进学生形成良好行为习惯为重点,以落实中小学生守则为抓手。明确将理想信念教育、社会主义核心价值观教育、中华优秀传统文化教育、生态文明教育、心理健康教育作为中小学德育的主要内容。提出德育工作中课程育人、文化育人、活动育人、实践育人、管理育人、协同育人的"六大实施途径"。实践育人中提到要组织研学旅行。把研学旅行纳入学校教育教学计划,促进研学旅行与学校课程、德育体验、实践锻炼有机融合,利用好研学实践基地,有针对性地开展自然类、历史类、地理类、科技类、人文类、体验类等多种类型的研学旅行活动。要考虑小学、初中、高中不同学段学生的身心发展特点和能力,安排适合学生年龄特征的研学旅行。要规范研学旅行组织管理,制定研学旅行工作规程,做到"活动有方案,行前有备案,应急有预案",明确学校、家长、学生的责任和权利。

德育不仅需要实践结合理论,也需要丰富的教学模式,增加内容的趣味性和学生的主观能动性。研学旅行将德育工作与社会实践相结合,通过亲身体验和感悟,帮助学生内化社会主义核心价值观,提高德育工作的针对性和实效性。

(三)"双减"政策的机遇

"双减"政策明确规定了学生的作业量,同时针对学生课外培训,指出将现有的校外培训机构统一为非盈利机构,校外机构不能占用国家法定节假日、休息日及寒暑假组织学科类培训,中小学生的周末及寒暑假不再被学科补习占用。该政策发布后,国内校外培训行业一夜间面临着裁员甚至是倒闭的危机。

"双减"政策减少了学生的课后作业量和减少了学科类课外辅导班的需求,使得学生有更多的时间参加户外活动和实践性学习,研学旅行作为一种融合了游学与教育的实践活动,正好可以填补这部分空白,为学生提供丰富多样的学习体验。

"双减"政策下,家长和学校对于能够满足孩子个性化需求和全面发展的产品与服务更加青睐,因此,研学旅行产品市场空间得以扩大。

总之,"双减"政策间接促进了研学旅行行业的转型升级,并为该领域带来了巨大的发展潜力,使其有望成为中小学生校外教育的新亮点和重要组成部分。

(四)乡村振兴战略的助推

党的十九大报告指出,农业农村农民问题是关系国计民生的根本性问题,必须始终把解决好"三农"问题作为全党工作的重中之重,实施乡村振兴战略。随后中共中央、国务院印发了《乡村振兴战略规划(2018—2022年)》《中共中央、国务院关于全面推进乡村振兴加快农业农村现代化的意见》《关于实现巩固拓展脱贫攻坚成果同乡村振兴有效衔接的意见》等一系列文件,都强调了乡村振兴是当前的重大历史任务。2022年中央一号文件明确提出,实施乡村休闲旅游提升计划,将符合要求的乡村休闲旅游项目纳入科普基地和中小学学农劳动实践基地范围。这更是为乡村研学创造了良好的条件。

乡村研学活动能够充分利用乡村的自然资源、文化资源、历史遗迹以及农业产业等,让参与者在实地体验中了解并传承地方民俗、传统技艺、农耕文化等非物质文化遗产,有助于加强乡村文化的保护与传承。将这些原本可能被忽视或闲置的资源进行有效整合与开发,转化为教育实践基地,为城市及乡村学生提供丰富的学习素材。乡村研学吸引大量师生和家长走进乡村,直接推动乡村旅游业的发展,增加乡村旅游收入,进一步助力乡村产业升级,实现经济效益和社会效益双丰收。研学旅行是推进素质教育的有效方式之一,它与乡村振兴战略相结合,不仅能够提升学生的综合素质,而且通过知识传播、资源整合和人才培养等途径,为乡村振兴提供了新的发展思路和持续的动力。由此可见,乡村研学与乡村振兴相辅相成,既可作为实施乡村振兴战略的重要抓手,又能在服务教育改革的同时,有力地推动乡村经济社会全面发展。

研学旅行相关的政策红利仍在持续释放。国家层面和省级层面政策的持续加码与深化,为研学旅行提供了更多时间、空间和资源等方面的支持,研学旅行已成为各地文旅、教育等领域推进"十四五"规划的重要组成部分。

二、经济环境

(一)国内经济发展迅速

2013至2022年的十年间,中国经济发展迅猛,国内生产总值从59.3万亿元跃至121万亿元,年均增长达到6%以上;经济总量达到18万亿美元,稳居世界第二位。人均GDP从43 497元增长到85 698元,近1亿农村贫困人口实现脱贫,如期全面建成小康社会。居民人均可支配收入从16 500元增加到36 883元,形成了超4亿人的世界上规模最大、最具成长性的中等收入群体。即使在遭受疫情冲击之后经济逐步恢复的2023年,中国经济发展依然呈现出"稳""进""好"的特征,全年经济总量超过126万亿元,同比增长5.2%。

我国城乡差距逐步缩小,人民生活水平不断提高。居民人均可支配收入的增长速度超过了经济增长的速度。随着脱贫攻坚政策的落实和乡村振兴战略的深化推进,农村居民人均可支配收入增长速度持续高于城镇居民,城乡居民人均可支配收入的比例已从2.88:1下降至2.45:1。当前,我国中等收入群体已经超过4亿人,正在引领消费市场的"增量创新"。预计在未来15年内,中等收入群体的数量将超过8亿人,这将进一步推动我国超大规模市场的持续发展。

(二)居民消费观念的转变

随着中国经济发展和居民收入水平提升,促进消费持续增长的同时,数字技术发展和社会文化变迁导致居民消费观念、消费模式及消费结构发生了显著变化。居民消费观念从物质消费向精神消费转移,从生存型消费为主向发展型、享受型为主转变,高质量、多样化、多元化消费需求特征更加明显。交通、教育、医疗等消费快速增长,服务性消费支出占比逐步提高。据国家统计局统计,2021年我国居民人均教育文化娱乐支出2 599元,比2012年增长106.0%,年均增长8.4%,快于全国居民人均消费支出年均增速0.4个百分点,占人均消费支出的10.8%。随着居民消费观念的转变,居民消费结构持续优化升级,出现了一系列新的消费场景及消费模式。研学旅行迎来了重要的发展机遇。

我国国民经济的快速增长带动了城乡居民消费的持续升级。当前,我国正处于第三次消费结构升级阶段,教育文化、休闲旅游、医疗健康等领域的居民消费支出显著增加。以研学旅行为代表的体验式教学活动作为教育服务型消费模式的一部分,正处于重要的发展机遇期,市场需求旺盛。据一项调查表明,约75%的学生家长表示了解研学旅行,八成以上的家长表现出让孩子参加研学旅行的意愿,近九成受访者能接受人均研学旅游花费在3 000~10 000元。新一代的"80""90"后父母教育理念的转变和消费能力的提升,为中小学生研学旅行市场的发展带来了强劲动力。

三、社会文化环境

(一)悠久的历史渊源

研学旅行在我国有着悠久的历史渊源。早在春秋战国时期,儒家创始人、中国伟大的教育家孔子曾经带领弟子周游列国、游说诸侯、拜访名师、研学求道,游学也成为孔子治学精神的重要组成部分。在中国历史上,文人墨客或只身出行,或结伴而行拜访名山大川、探索自然地理,践行格物致知,展现出对增长学识的强烈渴望。进入近代,著名教育家陶行知组织新安小学的学生进行了长途修学旅行,引导他们通过卖报、唱歌、劳动等方式自己赚取路费和生活费,考察沿途风土人情,领略自然风光,了解近代工业文明等,开启了近代修学旅行的先河。由此可见,自古以来,中国人就把旅行与读书视为开阔胸襟、提高人格修养的同等重要的途径。"读万卷书,行万里路"就是这种精神的写照,这一人文精神贯穿古今,影响了后世许许多多的人。因此,研学旅行的兴起有着深厚的思想文化土壤。

(二)中国旅游发展进入新阶段

改革开放40多年来,中国旅游经历了起步、快速发展和成熟阶段。随着2017年党的十九大胜利召开,中国旅游进入新发展阶段,即中国旅游4.0时代——跨界融合阶段,这一阶段特点是"旅游+"。旅游通过与文化、健康、农业、体育、生态、考古、教育、研学等跨界融合发展,形成文化旅游、健康旅游、养生旅游、休闲农业旅游、生态旅游、非遗主题旅游、研学旅游等多个新兴产业。研学旅游作为教育行业与旅游业跨界融合的产物,既为新时代中国旅游业的发展提供了强大动力,同时也为新时代教育事业的发展开辟了新的广阔空间。

尤其是2018年,随着文化部和国家旅游局的合并,文旅融合成为我国旅游领域最热的一个话题。《"十四五"文化和旅游发展规划》中特别指出,要坚持以文塑旅、以旅彰文,完善文化和旅游融合发展的体制机制,推动文化和旅游在更广范围、更深层次、更高水平上实现融合。研学旅行作为教育与旅游相结合的一种新型学习模式,学生在实地考察、参观体验的过程中获取知识、锻炼能力、培养情操。它既是一种寓教于乐的教学方式,也是一种深入体验各地文化的旅游形式。在文旅融合的大背景下,研学旅行充分利用各地的文化旅游资源,将课堂教育延伸至课外实践,使学生在真实的社会环境中学习、思考和成长,无疑是文旅融合的重要抓手。

因此,文旅融合为研学旅游提供了丰富多元的内容载体和实践场景,而研学旅游则成为了文旅融合发展的重要推动力量和实践平台,两者相互依托,共同发展,不仅推动了旅游市场的繁荣,也在提高国民素质、传承和发展中华优秀传统文化等方面发挥了重要作用。

研学旅游作为文旅融合的新兴市场,对带动农业、工业和服务业的发展以及乡村振兴具有重要意义,而且教育与旅行体验的结合,能进一步激发中华优秀传统文化的生机与活力、进一步增强文化自觉和文化自信,对于树立社会主义核心价值观、推动人的全面发展和身心健康具有重要的教育价值。

(三)全民学习型社会的建设

党的二十大报告提出,建设全民终身学习的学习型社会、学习型大国。在构建全民终身学习的学习型社会背景下,社会各界对各类学习活动的价值有了更深层次的认识。乡村研学作为一种融合实践性、体验性和情境性的教育模式,在这一进程中尤为凸显,其独特的教育价值得到了广泛接纳和高度评价,有力推动了乡村研学的持续发展。在倡导终身学习的社会氛围中,乡村所拥有的丰富自然资源、深厚人文底蕴以及传统技艺等多元元素被有效启动,转化为重要的学习素材和教育资源,为乡村研学提供了广阔且富有层次的内容和活动空间。

同时,学习型社会强调多元化和个性化学习方式,乡村研学积极回应这一理念,通过组织实地考察、实践操作和互动交流等活动,既满足了人们在不同年龄阶段的终身学习需求,又实现了乡村研学形式和内容的创新突破。这种紧密结合实际、寓教于乐的方式,不仅有助于提升个体的知识技能和综合素质,还进一步促进了城乡间的文化交融与理解,助力乡村振兴战略的实施,培养出更多适应新时代发展的乡村建设人才。

四、技术环境

当今时代,新一轮科技革命和产业变革正在加速推进,以信息技术为代表的技术革新催生了一个以数字理念、数字发展、数字治理、数字安全和数字合作等为主要内容的数字生态系统。这一系统对经济社会发展、人民的生活方式和国际格局产生了深远的影响,促进了生产方式、生活方式和治理方式的深刻变革。这些技术的发展为研学旅行提供了更加便利的条件,如学生和教师可以通过各类在线平台迅速获取目的地的相关信息,了解研学产品;在线预订平台大大简化了组织流程,提高了效率;移动互联网、VR(虚拟现实)、AR(增强现实)等技术的应用,为研学旅行带来了全新的学习体验。然而,技术环境的变化也可能带来一些挑战和风险,如数据安全和隐私保护等问题。总之,技术变革有力促进了乡村研学活动内容的丰富、形式的创新以及参与度的提高,对于培养具有综合素质的新时代人才具有重要意义。

第二节
乡村研学微观环境分析

一、乡村研学市场规模扩大，消费群体类型多样

近十年来，研学作为一种寓教于乐的教学方式多次被写入国家级政策文件，义务教育"双减"背景叠加新一代父母教育理念的革新，让研学旅行市场迎来新一轮的强劲增长，尤其是在中小学生群体中，研学旅行的普及率快速增长，越来越多的学校开始组织研学旅行。即使在疫情期间，研学旅行的人数仍然逆势上涨，显示出良好的增长势头。2019年，研学旅行人数增长至480万人次；2021年达到了494万人次，超过了疫情前的水平；2022年，研学旅行人数突破600万人次，创下了历史新高。据艾媒咨询数据，2022年研学旅行业市场规模为909亿，2023年市场规模同比增长61.6%，预计2026年将达到2 422亿。随着研学人群的扩展，老年活动组织、兴趣俱乐部、大学社团等研学市场将有良好的市场发展前景。《中国研学旅行发展报告2022—2023》中也指出，研学旅行的参与者从狭义的中小学生群体不断扩展到包括学龄前儿童、大学生以及成年人、老年人等全生命周期群体，呈现出更加广阔的发展空间。乡村研学旅行不仅是一种富有意义的学习方式，更是一种全面提升素质的重要途径，它能够帮助个体在身心、知识、技能以及价值观等多个层面得到全面发展，所以也将会受到各类消费者的青睐，市场发展前景广阔。

二、政策的大力支持加速了研学市场供给，市场竞争激烈

国家政策的鼓励和支持一方面极大地促进了研学市场的供给端发展，各

地纷纷建设特色研学基地,丰富研学课程内容,提升服务品质,使得研学产品呈现出多元化、专业化的特点;另一方面,大量社会资本投入研学这一领域,研学旅行行业参与主体更加多元,且呈现出快速增长态势,从传统教育机构到旅游企业、地产开发商等多领域的企业和组织纷纷跨界进入研学市场。专业研学机构作为核心力量,依托专业的课程设计与执行能力,为学生提供系统化、有深度的研学体验;而各大学校和教培机构则通过整合自身教育资源,将研学项目融入教学体系中,扩展教育边界;旅行社借助既有渠道优势,开发符合市场需求的特色研学线路;亲子教育机构则针对家庭教育需求,打造亲子共学模式的研学活动。作为研学旅行的核心承载空间,研学基地营地的建设处于"跑马圈地"式的扩张生长中,乡村研学基地营地也如雨后春笋般涌现,目前主要结合了当地的自然环境、农耕文化、民俗风情以及生态环境等特色资源,形成了自然生态探索型、农耕文化体验型、传统文化教育型、康体休闲度假型、综合实践教育型等主题丰富多样的研学场景。市场竞争也随之加剧,相关企业纷纷布局研学市场,力求在满足政策要求的同时,打造出具有竞争力的产品和服务体系。这种激烈的市场竞争有助于推动整个行业的创新升级,但也需要各市场主体严格遵守行业规范,确保研学活动的质量与安全,真正实现以学生为中心的素质教育目标。

三、乡村研学产品良莠不齐,硬件设施落后与服务配套不完善

快速发展的同时也伴随着挑战,"跑马圈地"式扩张导致研学产品良莠不齐,如何确保研学旅行产品的品质和服务标准,是整个行业需要共同面对和解决的问题。目前研学产品最突出的问题是内容浅显与同质化严重,一些乡村研学产品过于追求经济效益,课程设计缺乏深度和独特性,研学内容雷同,往往停留在表面层次的观光体验,未能深入挖掘乡村文化的内涵与价值,使得原本以教育和实践为主的研学旅行变成了一般性的旅游项目,偏离了研学的本质功能,缺乏教育意义。师资力量不足与研学导师专业度不够也是乡村研学旅行中存在的主要问题。乡村地区的教育资源相对匮乏,师资队伍可能无法满足高质量研学旅行的需求,特别是在农业科学、地方历史文化和生态环保等

领域专业知识的讲解上可能存在短板。其他如接待服务、餐饮服务、安全保障、卫生保洁等服务配套不完善也是制约乡村研学发展的一大瓶颈。很多乡村研学基地在导游讲解的专业性、课程设计的科学性、应急处理机制的有效性等方面存在明显不足，无法提供规范、周到、专业的研学服务。从硬件设施角度看，部分乡村地区的研学基地由于经济条件限制，其基础设施建设和维护更新较为滞后。比如，住宿条件简陋，无法满足研学群体对舒适度的基本需求；交通不便，道路设施陈旧，影响了研学群体的出行效率和安全；科普教育、实践操作等设施不足或过于老旧，难以支撑起高质量、高水准的研学活动开展。此外，信息化服务水平不高，缺乏有效的网络营销渠道和平台，也使得乡村研学产品的市场推广和品牌建设受到一定阻碍。

四、缺乏具体的行业标准和制度，导致市场管理混乱

研学旅行作为一种新兴的教育与消费模式，在中国虽得到了政策层面的大力支持，但其市场监管体系的发展尚处于起步阶段。尽管从2016年起，教育部等11部门已联合发布了相关政策意见来推动研学旅行的普及与规范化，但在具体的市场监管方面仍存在明显的空白点，例如缺乏针对准入门槛、市场主体资质认证、产品设计与质量、运营流程以及研学内容等方面的明确细化标准和执行规则。

由于缺少一套全面且科学严谨的行业标准体系，使研学旅行市场的进入壁垒相对较低，导致市场参与者的服务质量和专业水平差异较大，既有高质量的专业研学服务机构，也有不具备相应资质和专业师资力量的机构混杂其中。此外，市场上普遍存在的问题是研学课程的设计与实施针对性不足，未能充分发挥研学旅行的教育功能。

当前亟待政府部门依据行业实际情况，系统构建一套完整的研学旅行市场监管框架，包括但不限于设立统一的市场准入标准、明确各类市场主体如旅行机构、研学基地的资质审核程序，强化专业师资队伍建设，规范并细化研学课程内容的设计原则和教学目标。同时，针对研学旅行活动中至关重要的安全问题，应当建立健全安全保障机制，涵盖安全管理制度、操作规范、应急处理

预案等各个方面,确保每个环节都有章可循,切实保障参加研学旅行的学生人身安全和活动质量。

因此,迫切需要制定专门的法律法规或行政规章,从宏观到微观,全方位地规范研学旅行市场,建立起涵盖主管部门职责、研学服务机构资质认定、研学基地评级、研学导师专业资格认证以及研学内容科学性审查等多维度的管理体系,通过详尽的行业标准和管理细则来引导和保障研学旅行行业的健康发展。

第三节
乡村研学客群分析

自2016年教育部等11部门联合发布《关于推进中小学生研学旅行的意见》以来，人们对研学旅行的认知不断深化。研学旅行的参与者从最初的中小学生群体不断扩展到包括学龄前儿童、大学生以及成年人、老年人等全生命周期群体，呈现出更加广阔的发展空间，大众研学旅行市场已现端倪。因此，我们必须要注意的是，乡村研学的客源群体已不仅仅是中小学生群体，也涵盖了对知识型旅行和教育旅行有需求的其他年龄群体。下面将从学生客群、亲子客群、社会群体三类进行分析。

一、学生客群

学校是研学市场的主体，当然也是乡村研学的主要客源，涵盖了从幼儿园、小学到中学乃至大学不同年龄段的学生。2022年，全国各级各类在校生2.93亿，这是非常庞大的市场群体。通过组织学生到乡村进行实地考察、体验生活和学习乡土文化，开展研究型学习和社会实践教育活动，学生可以了解农村的生产、生活、文化和生态等情况，拓宽视野，增长知识，提高综合素质。

（一）幼儿园客群特点分析

随着2024年初广西11名"小砂糖橘"勇闯东北的新闻在网络爆火，幼儿研学群体也获得了前所未有的关注，尤其是80、90后父母消费观念、教育理念更加超前，舍得在孩子的成长方面加大投入，更加重视孩子在各方面的能力培养和开阔视野。2022年，全国共有幼儿园28.92万所，学前教育在园幼儿4 627.55

万人。乡村研学旅行能够满足幼儿的好奇心，符合幼儿身心发展规律，有利于全方位促进幼儿在认知、情感、社会性及身体等多方面的均衡发展，是当前幼儿教育领域深化改革、追求高质量发展的迫切需求。因此他们必将会快速成为乡村研学活动的新宠。

1. 年龄特点

乡村研学幼儿园客群主要集中在3~6岁的学龄前儿童，这个年龄段的孩子对新鲜事物充满好奇，具有较强的模仿能力和学习欲望，通过参与乡村研学活动，能够有效激发他们对自然、生活和传统文化的兴趣。

2. 教育需求

家长对于这一阶段孩子的教育需求以启蒙教育、实践探索和情感培养为主，希望通过接触真实自然环境和乡土文化，培养孩子观察力、动手能力以及对生态环境的基本认知和尊重。由于幼儿身心发展尚未成熟，安全保障成为家长选择乡村研学项目时最为关心的问题。因此，活动内容和场所的安全性、环境卫生及食品卫生等方面必须严格把控，确保满足幼儿群体的特殊需求。相较于学校组织的大规模研学活动，幼儿园阶段的孩子更需要家长陪同参与。因此，很多乡村研学项目应设计亲子互动环节，让家长可以一同体验并参与到孩子的学习过程中，增进亲子关系，同时也为家庭提供共享美好时光的机会。

为了吸引幼儿参与，乡村研学活动可以结合故事、游戏、手工制作等形式，使教学内容更具趣味性和生动性，同时强调寓教于乐，让孩子在愉快的游戏活动中收获知识和成长。总之，乡村研学幼儿园客群对活动的需求以安全性高、教育价值显著、亲子互动性强、贴近自然且富有童趣为主要特点。

(二) 小学1~3年级客群特点分析

1. 年龄特点

该部分学生客群年龄区间大致在6~9岁之间，处于儿童早期向中期过渡阶段，身体和智力发展尚未完全成熟，但已经具备了一定的认知和学习能力。他们活泼好动，身体正处在快速成长期，动作协调能力逐渐增强，但耐力和精细运动技能还在发展中。思维开始从具体形象思维逐步向抽象逻辑思维过渡,好奇心强、求知欲旺盛,乐于探索新事物。按照学生特点,该阶段更适合以乡土乡情研学为主,因此这个年龄段的学生是乡村研学的主体。

2.教育需求

这个阶段的孩子正处在学习习惯养成的关键时期,注意力集中时间相对较短,需要教学内容生动有趣以保持注意力。认知依赖于直观、具体的实物或情境,通过游戏、实验等实践性活动更容易吸收知识。喜欢故事性的教学方式,对于道德情感教育、社会规则的学习较为敏感。在社交方面,正处于建立同伴关系的关键时期,开始学习合作与竞争,并关注他人对自己的评价。个性差异开始显现,团队协作能力、独立自理能力和沟通技巧有待进一步培养。

考虑到低年级学生的特点,乡村研学活动设计要注重体验性和参与性,尤其是侧重于生活习惯养成、基本生活技能学习以及自然环境保护意识启蒙等方面。针对孩子们的探索精神,提供安全的环境和资源,让他们自由探索。同时也要注意引导孩子探索方向和探索方法,培养他们的科学素养和批判性思维。比如开展科普教育,让孩子亲手参与种植、采摘等活动,了解食物来源和农耕文化。强调动手实践,结合自然科学和社会科学的基本知识点,让孩子们在玩耍中学习,在实践中感知自然界的规律和生态平衡的重要性。

综上所述,针对小学1～3年级的学生群体,乡村研学活动的设计需围绕其生理心理特点,提供安全、有趣、互动性强的活动内容,同时紧密结合基础学科知识,培养学生的观察力、想象力、创造力和初步的社会交往能力。

(三)小学4～6年级客群特点分析

1.年龄特点

该部分学生客群年龄区间大致在10～12岁之间,抽象思维、逻辑推理能力逐渐增强;已形成一定的自主学习能力和良好的学习习惯,开始注重个人在同龄人中的地位和形象,对自我认同感的需求增强。对家庭的依赖也逐渐减少,开始寻求更多的自主权和独立性。部分学生可能已经表现出某一方面的特长或优势,如艺术、体育等。

2.教育需求

相较于1～3年级的学生，4～6年级的学生具有更强的认知能力和更丰富的知识储备，他们可以理解和吸收更深层次的科学原理、历史文化等知识，因此，在研学的各方面都要注意将小学低年级（1～3年级）和小学高年级（4～6年级）加以区别。比如在教育目标方面，对于小学高年级学生，乡村研学可能更多地关注培养他们的社会责任感、创新思维及问题解决能力，而低年级则侧重于基本生活技能的学习、环保意识的启蒙以及对大自然和乡土文化的初步感知。所以设计研学课程时，针对小学高年级学生的研学内容可以更加深入和专业。比如要突出探究性学习需求，小学高年级学生具备初步的独立思考和解决问题的能力，他们对于研学活动的需求更倾向于主动探究和实践操作。而低年级学生可能更需要直观、生动的体验式教学。4～6年级的学生自我管理和团队协作能力相对更强，能在研学过程中更好地遵守规则、自我照顾，并参与集体活动。而低年级学生则需要更多的指导和照顾。在课程难度与挑战性方面，针对小学高年级学生的研学项目可以设置更高层次的挑战，如进行简单的田野调查、生态观察或动手实验等；而对于低年级学生，通常会安排更为简单易懂且富有趣味性的活动，例如农耕体验、自然观察等。

总之，根据不同年龄段学生的身心发展特点和教育目标，乡村研学应提供适应不同阶段学生需求的特色课程和活动。

（四）初中1～3年级客群特点分析

1.年龄特点

初中1～3年级的学生正处于青春期的早期阶段，年龄一般在12～15岁之间。这个阶段的学生正在经历身体和心理的快速变化，他们开始形成独立的思考和判断能力，对世界充满好奇和探索欲望。同时，他们也面临着学习和社交方面的压力，需要更多的关注和支持。

2.教育需求

对该年龄段学生的具体情况进行分析，笔者认为他们在乡村研学教育方面的需求主要体现在学科知识与技能提升、综合素养培养、心理成长与情感建设和文化传承与创新能力培养几个方面。

（1）学科知识与技能提升方面：此阶段学生对各学科知识的理解深度和广度均有显著提升，乡村研学可以提供跨学科学习的平台，着重学科融合和实践操作。如通过实地考察生物多样性、土壤类型等自然现象，实现生物、地理学科的融合学习。结合物理、化学等实验性较强的课程，组织学生进行农业种植、水质检测等相关实践活动，让学生亲手操作，加深对理论知识的理解。

（2）综合素养培养方面：针对该阶段学生特点，培养学生基本的生活自理能力和劳动技能，如简单的农事操作、野外生存技能等，增强其独立解决问题的能力。通过集体住宿、共同完成任务等形式，锻炼学生的团队协作精神和领导力，提升人际交往能力。通过对乡村发展问题的探讨，引导学生关注社会现实，培养他们的社会责任感和环保意识。

（3）心理成长与情感建设方面：利用乡村宁静的环境，开展户外拓展、心理辅导等活动，帮助学生释放压力，调整心态，促进心理健康发展。帮助学生深入了解不同地区的产业发展现状，初步接触职业世界，为未来的职业选择和发展方向做好早期探索和思考。

（4）文化传承与创新能力培养方面：乡村研学课程设计可着重让学生参与非遗技艺的学习和传统民俗活动，增进对本土文化及中华优秀传统文化的认知与传承。鼓励学生从实际问题出发，运用所学知识解决乡村生活中遇到的实际困难，培养其创新思维和动手能力。

综上所述，初中1～3年级的学生在乡村研学中，既需要满足学科知识的深化理解与应用，又需注重综合素质的全面提升，尤其是实践能力、社会责任感以及身心健康等方面的发展。同时，充分利用乡村资源，将教育与乡村振兴相结合，形成可持续发展的研学模式。

（五）高中1～3年级客群特点分析

年龄特点：高中1～3年级的学生正处于青春期的中晚期，身体发育逐渐接近成年人。自我意识逐渐增强，独立思考和判断能力不断提升，处于心理发展的关键时期。他们已经有了一定的知识储备，包括学科知识和生活经验等，开始关注自己与他人的关系，并具备一定的社交技巧；开始对人生和社会问题产生浓厚的兴趣，关注自身的价值和意义。综上所述，高中的学生在身体发育、心理特点、知识储备、社会交往和实践能力等方面都具备了一定的基础和条件。在乡村研学活动中,学生需要充分发挥自己的优势和潜力,通过实践和学习不断提升自己的综合素质和能力水平。

该阶段学生在乡村研学教育方面的需求更加具体和深入,应着重体现以下几个方面。

(1)学科专业拓展与深度学习。比如学科融合实践:可以结合生物、地理、化学、物理等科学知识,通过实地考察生态农业、环境监测、土壤改良等项目,促进理论与实践相结合,加深对专业知识的理解。比如课题研究与创新:可以引导学生根据所学专业方向,选择与乡村相关的科研课题进行探究,如现代农业技术、农村生态环境保护、农村社区发展等,培养独立思考和科研创新能力。

(2)综合素质与生涯规划。比如社会责任与公民素养的培养:让学生深入了解乡村振兴战略,参与社区服务、公共事务讨论等活动,增强社会责任感和公民意识,为未来投身社会建设奠定基础。比如生涯规划指导:带领学生参观各类乡村产业及职业场景,了解不同行业的发展现状和前景,帮助学生结合自身兴趣特长和专业倾向,明确大学专业选择或未来职业规划。

(3)心理调适与压力释放。比如心理成长支持:面对高考压力,乡村研学活动可以提供一种从紧张的学习环境中暂时抽离的机会,有助于舒缓学生的心理压力,提高抗压能力。比如团队协作与领导力提升:组织学生共同完成复杂任务,如农村改造设计、文化传承活动策划等,以提高团队协作能力和领导力,培养良好的人际关系处理技巧。

(4)文化传承与生态保护。比如文化遗产保护与传承:关注乡村非物质文化遗产的保护与传承,让学生亲身体验并参与传统技艺、民俗文化的保护工作,培养文化自觉与自信。比如生态文明教育:通过实地调研和实践活动,加强学生对生态环境保护的认识,树立绿色发展理念,鼓励他们在未来的学习和生活中积极参与环保行动。

总之,高中阶段的乡村研学应注重培养学生专业技能与综合素质的双重提升,同时紧密结合国家发展战略和社会实际需求,通过丰富多样的研学活动,助力高中生在学术研究、生涯规划、价值观塑造、心理健康以及社会责任等方面全面发展。

(六)大学及以上学生客群特点分析

1.年龄特点分析

大学及以上的学生客群,通常处于18岁至25岁之间,这一阶段的学生正处于人生的黄金时期,求知欲强,对新事物充满好奇。他们渴望获取更多的知识和技能,以拓展自己的视野,增强自身的竞争力。在教育方面,他们不仅仅满足于课堂知识的传授,更期望通过实践活动、学术研究等方式深入探索所学专业领域。随着年龄的增长和社交圈子的扩大,他们逐渐成为社交活跃的群体。他们通过参加社团、兴趣小组、社会实践等活动,与同龄人、教师、业界人士等建立广泛的联系。在社交过程中,他们不断提升自己的沟通技巧和团队协作能力,同时也通过分享经验和观点,促进信息交流和知识共享。

综上所述,大学及以上的学生客群在求知欲、社交活跃度、自我意识、情感丰富度以及兴趣爱好等方面均表现出独有的特征。在教育和社会实践中,应充分考虑他们的需求和特点,为其提供有针对性的指导和支持,以促进其全面发展。

2.教育需求

大学及以上学生客群参与乡村研学教育的需求呈现出更高的专业性、实践性和研究导向特点,活动开展应着重注意以下几方面。

(1)专业知识应用与深化。比如专业实习实训:大学生可以根据自己的专业方向,在乡村进行实地考察和实践操作,例如农学专业的学生可以深入农业基地学习现代农业技术;环境科学专业的学生则可以参与乡村生态环境保护项目。比如产学研结合:对接乡村振兴战略,将所学知识应用于解决农村实际问题,如规划设计乡村旅游项目、推广农业科技、开展社区服务等,实现产学研的深度融合。

(2)社会调查与科研课题。比如社会调查研究:可以利用乡村丰富的田野资源,进行社会调查,收集一手数据,为学术论文撰写或毕业设计提供素材。比如对乡村产业发展、人口变迁、文化传承等问题进行深度调研。科研创新平台:将乡村作为科学研究的试验田,探索如何用科技手段助力乡村振兴,研究农村经济模式创新、生态修复技术、文化遗产保护等方面的问题。

（3）职业发展与社会责任。职业规划与发展：通过乡村研学了解不同行业在乡村的发展现状和前景，帮助大学生明确职业定位，培养服务于乡村建设的专业人才。社会责任感培养：通过参与公益实践、志愿服务等活动，增强大学生的社会责任感和公民意识，推动其在毕业后积极参与国家乡村发展战略的实施。

（4）文化体验与生态文明教育。传统文化传承与创新：针对具有深厚历史文化底蕴的乡村地区，组织大学生深入挖掘和传承非物质文化遗产，同时思考如何借助现代元素创新传播。生态文明教育与实践：提升大学生对生态保护的认识，倡导绿色发展理念，引导他们投身于乡村环境治理、生物多样性保护等工作。

总之，对于大学及以上学生群体而言，乡村研学不仅仅是简单的参观游览，更是一种深度学习、实践锻炼和社会责任承担的过程，旨在通过系统化的教育活动促进学生的全面发展，为其未来职业生涯和社会贡献做好准备。

二、亲子客群

随着家庭教育观念的转变，越来越多的家庭选择在周末或假期带孩子参加乡村研学项目，让孩子接触自然，体验农耕文化，增进亲子关系的同时，培养孩子的动手能力和对生态环境的认知，增强孩子的劳动意识和环保意识。因此，家庭亲子群体也是一个重要的乡村研学客源群体。目前研学旅行的对象超过80%属于3~16岁人群。在"小砂糖橘"爆火现象的影响下，越来越多的幼儿园及早教机构开始策划并推出相关主题的研学课程，以满足80、90后家长对于多元化、趣味化且富有教育意义的亲子活动需求。

亲子客群和学生客群作为研学的主要客源，我们有必要区分一下二者的差别：亲子客群一般是指家长陪同下的儿童或青少年群体，包括但不限于学龄前儿童、小学生、初中生等。出行时由父母或监护人陪同，共同参与活动。而学生客群是在校学生组成的团体，如学校组织的班级、年级或者社团集体出游，也包括大学生团队或研究生团队，他们在没有成人亲属陪同下进行独立或半独立的旅行。亲子客群的决策过程往往涉及家长，家长需要综合考虑孩子的兴趣爱好、安全性、教育意义以及家庭预算等因素,同时还要关注行程是否适合全家人共同参与。而学生客群出行决策要受到学校教师、相关部门的影响,对于大学生而言,他们的自主选择性更强。在活动内容与目标方面,亲子客群更加注重互动性和体验性,强调寓教于乐,促进亲子关系,同时也希望孩子能在游玩中增长知识、提高实践能力和社会适应能力。学生客群除了休闲娱乐外,更侧重于专业学习、学科考察、素质拓展及团队协作等方面,比如自然科考、历史文化探究、社会实践等具有较强教育目的的活动。在服务需求上,亲子客群一般要求旅行产品包含对不同年龄层次的孩子友好的设施和服务,例如安全防护措施、适龄课程设计、方便的餐饮住宿条件等。学生客群更多关注行程安排的专业性和严谨性,倾向于有深度的学习体验,同时也会考虑成本效益。时间安排上,亲子客群一般受家长工作时间和孩子寒暑假、节假日影响较大,因此周末、小长假、寒暑假是亲子游高峰时期。而学生客群主要集中在春秋游以及学校的实践活动周等时间段,学生客群的时间安排相对集中且规律性强。

总之,亲子客群更重视家庭成员间的共享体验和亲子陪伴式成长。所以课程应设计成家长和孩子可以共同参与、互相协作的形式,如亲子农耕体验、手工艺制作等,让家长和孩子在互动过程中增进感情。

三、大众群体

随着休闲旅游市场的细分化,越来越多的自由行游客和退休人群也开始关注和参与乡村研学,他们寻求不同于传统旅游的独特体验,愿意深入乡村,深度体验当地的生活方式和文化特色。部分企事业单位为了增强团队凝聚力,提升员工综合素质,会选择乡村研学作为团队建设的一种方式,让员工在轻松的环境中学习并了解乡村生活与传统文化。各类教育培训机构也会设计和推广以乡村为背景的研学课程,满足学员多样化的学习需求,尤其是对于艺术创作、科学探索等主题类别的研学活动。因此乡村研学的大众群体可能包括企事业单位员工、中老年群体、退休人员、学术研究团体、兴趣俱乐部成员等。

大众群体参与乡村研学教育的需求呈现出多元化、个性化的特点，应主要集中在以下几个方面。

(1)自然生态体验与环境保护意识培养。深入自然，感受生态环境的独特魅力，通过实地考察了解动植物种类、生态系统功能等自然科学知识。提高环保意识，学习并实践可持续生活方式和绿色发展理念，关注乡村环境治理及生态保护。

(2)传统文化传承与民俗体验。探索各地乡村的非物质文化遗产和传统技艺，通过亲身体验，深入了解并传承中华优秀传统文化。参与各类民俗活动，感受地域特色文化，增进对民族文化的认同感和自豪感。

(3)农耕文明认知与现代农业技术体验。认识传统农耕文明，了解农业发展历史，体会农民劳作的艰辛，培养珍惜粮食的意识。体验现代农业科技的应用，如智慧农业、有机种植等，增强科技创新改变农村、助力乡村振兴的认识。

(4)生活技能与健康生活理念倡导。学习基本的田园生活技能，如简单的种植、养殖、手工制作等，提升生活自理能力。弘扬健康饮食观念，认识食品安全问题，倡导绿色、健康的生活方式。

(5)心理调适、休闲减压与团队凝聚力提升。远离城市喧嚣，享受宁静的乡村生活，进行身心放松，减轻工作与生活压力。通过团队协作、户外拓展等活动，锻炼意志品质，提升团队的合作能力和凝聚力，促进身心健康。

(6)社会责任与公民素养培育。关注乡村发展现状，了解国家乡村振兴战略，提高社会责任感和公民意识。参与乡村志愿服务或公益活动，为乡村社区建设贡献自己的一份力量。

总之，对于大众群体而言，乡村研学教育不仅仅是增长知识、开阔视野，更是实现个体成长、社会进步以及人与自然和谐共生的重要途径。通过多样化、趣味化、互动性强的研学形式，满足不同年龄层次、职业背景和社会角色人群的学习需求。

第三章
乡村研学资源分析

- 乡村研学资源的基础认知
- 乡村研学旅游资源分类

第一节
乡村研学资源的基础认知

一、旅游资源

李天元(1991)认为凡是能够造就对旅游者具有吸引力的环境的自然因素、社会因素或其他任何因素,都可以构成旅游资源。楚义芳(1992)认为旅游资源是指在自然和人类社会中具有吸引力的自然存在、历史遗迹、文化环境,以及以娱乐为目的的人工创造物。国家旅游局(现中华人民共和国文化和旅游部)在《旅游资源分类、调查与评价》(GB/T 18972—2017)中将旅游资源定义为自然界和人类社会凡能对旅游者产生吸引力,可以为旅游业开发利用,并可产生经济效益、社会效益和环境效益的各种事物和现象。

二、研学旅游资源

研学旅游资源概念是在研学旅游和旅游资源概念的基础上形成的,具有狭义和广义之分。狭义的研学旅游资源是指学校范围之外的,能够满足中小学生群体研究性学习和旅行体验目的的一切资源。在这个概念中有三点需要说明:一是研学旅游资源具有地域指向性,由于旅游活动具有异地性特点,所以学校内部的研学资源被排除在外;二是研学旅游资源功能具有多样性,既能够满足学生群体研究性学习需求,又能够使其获得良好的旅游体验;三是由于研学旅游主体以中小学生为主,以其他文化需求旅游者为辅,这就决定了研学旅游资源的对象主要是学生群体。广义的研学旅游资源是指在自然界和人类社会中能够对旅行者产生吸引力,并且能满足旅行者文化需求的一切资源。

从广义上来讲,研学旅游资源对象广泛,只要在旅行活动中能够满足旅游者文化需求的资源都可以成为研学旅游资源。

三、乡村研学资源

(一)乡村研学资源概念

在乡村地区,凡能对旅游者产生吸引力,能满足旅游者文化需求,可以为发展旅游业所开发利用,并可产生经济效益、社会效益和环境效益的各种事物和现象,都可以纳入乡村研学资源的范畴。乡村研学资源是以乡村自然环境为基础、乡村人文环境为主导的人类文化与自然环境紧密结合的旅游资源,是由物质和非物质因素共同组成的和谐的乡村地域复合体。

(二)乡村研学资源特点

1. 人与自然的和谐性

乡村研学资源展现了人类与自然环境之间深刻而和谐的互动关系。这些资源的形成是世代乡村居民与周围地理环境的交融与调适所孕育出的文化瑰宝。在乡村,人们尊重自然、顺应自然,通过智慧的劳动和生态友好的实践,实现了与自然的和谐共生。当这种关系达到平衡时,自然不仅慷慨地回馈了乡村社会,推动了其经济繁荣,还赋予了乡村独特的魅力和生命力。

2. 资源分布的广泛性

乡村地区覆盖了从平原到山地、从温带到热带、从沿海到内陆的多种自然环境。这些不同的自然环境孕育了多样化的生态系统和农业景观,如水稻田、果园、牧场、渔村、森林等,为乡村研学提供了丰富的自然资源基础。

3. 资源类型的多样性

乡村研学资源的内容不仅涵盖了农业生产、农村生活、自然环境等多个方面,还涉及历史、文化、社会、科学等多个领域,既有物质成分,又有非物质成分。比如既有农村、牧村、渔村、林区等不同的农业景观,集镇、村落等不同特点的聚落景观,还有丰富多彩的民族风情。

4. 资源特色的地域性

乡村研学资源深受自然环境与社会环境的双重影响，从而展现出鲜明的地域性特色。这种地域性不仅体现在由不同气候条件塑造的多样化农业景观上，如热带雨林的橡胶园、温带的麦田与寒带的畜牧业区，每种景观都紧密贴合其所在区域的自然生态。同时，社会环境的地域差异，也孕育了各个地域不同的丰富多彩的乡村民俗文化，如民族服饰的斑斓多彩、信仰体系的独特多样、礼仪习俗的深厚底蕴以及节日庆典的热闹非凡，都是地域性特征的生动体现。

5. 资源变化的季节性

乡村研学资源的季节性，一方面源自人们一年中有规律的生产与生活节奏，如春耕、夏耘、秋收、冬藏的农业循环，以及与之相伴的农事节庆、生活习俗等，都随着季节的更迭而展现出不同的风貌。另一方面，也显著地反映在自然环境的变化上，如春季的万物复苏、夏季的生机勃勃、秋季的丰收景象、冬季的静谧之美。

6. 资源内涵的民族性

乡村研学资源深嵌于丰富的民族文化之中，展现出独特的民族性特征。与城市相比，乡村由于地理位置偏远、交通相对不便以及信息流通的局限性，往往能够更好地保护和传承本地的传统文化，使得原汁原味的民族文化在乡村得以较为完整地保留下来。随着全球化和现代化的推进，许多城市地区的民族文化已经或多或少地融入了其他文化的元素，形成了多元文化的交融现象。然而，在乡村，这种文化的交融相对有限，使得民族文化的纯粹性和独特性得以彰显。

7. 可实践性和体验性

乡村研学资源不仅融合了观光、娱乐、康养、民俗探索、科学考察及寻根访祖等多重元素，更强调实践与体验的深度结合。研学旅游者有机会直接参与乡村的日常生活，无论是品尝新鲜的农产品——如蔬菜瓜果、畜禽蛋奶及水产品，还是亲身投入农业生产的各个环节，如耕地、播种、采摘等，都能让他们亲身体验到农民辛勤劳作的汗水与乡村生活的淳朴乐趣。这一过程不仅丰富了游客的乡村知识，更让他们在亲身实践中感受到乡村文化的独特魅力和农业生产的智慧与艰辛，从而收获满满的知识与乐趣。

第二节
乡村研学旅游资源分类

乡村,这片被誉为"小天地大世界"的广袤领域,蕴藏着极为丰富且复杂的研学旅游资源。为了更有效地认识与利用这些资源,我们可以从多个维度出发,进行细致的类型划分。具体而言,可以从资源的成因、属性、特征以及开发利用等层面入手,深入剖析乡村旅游资源的类型。

一、按乡村研学资源的组合方式划分

(一)田园风光研学资源

乡村的田园风光是研学资源中不可或缺的一部分,涵盖广袤的农田、郁郁葱葱的树林与果林、生机勃勃的蔬菜园区,以及宁静的天然或人工水域。这些自然景观不仅展现了乡村的生态之美,还为研学活动提供了丰富的户外实践场所。

(二)聚落风貌研学资源

乡村聚落作为村民生活与生产的中心,其独特的形态、布局及建筑风格构成了聚落风貌研学资源的核心内容。这些资源不仅体现了乡村社会的组织结构和历史变迁,还展示了各地不同的居住方式和文化传统,成为乡村特色与文化认同的重要标志。

(三)建筑艺术研学资源

乡村建筑是乡村文化的直观载体,包括多样化的民居、庄严的宗祠及其他

特色建筑。从青藏高原的碉楼到东北林区的木屋,每一座建筑都承载着地域文化的独特韵味,展现了乡村建筑的智慧与美学。宗祠与寺庙等建筑更是乡村历史与信仰的见证,为研学活动提供了丰富的历史文化素材。

(四)农耕实践研学资源

乡村的农耕文化是中华文明的瑰宝,其丰富的劳作形式与农耕技术蕴含着深厚的文化底蕴。从传统的刀耕火种到现代的水车灌溉,从围湖造田到渔鹰捕鱼,每一种农耕方式都是乡村人民智慧与勤劳的结晶。这些资源为研学活动提供了实践体验的机会,让研学旅游者在亲身体验中感受农耕文化的魅力。

(五)民俗风情研学资源

乡村的民俗风情是乡村文化的重要组成部分,其丰富多彩的传统节日与民俗活动展现了乡村社会的独特魅力。从汉族的元宵节到藏族的雪顿节,从春游踏青到龙舟竞渡,每一种民俗活动都蕴含着深厚的文化内涵和地域特色。同时,乡村的民间工艺品也是研学资源中的瑰宝,如潍坊年画、贵州蜡染、潮州剪纸、青田石刻以及各种刺绣、草编、泥人、面人等,它们以其独特的艺术风格和浓郁的乡土气息吸引着研学旅游者的目光。

二、按乡村研学资源文化特性划分

依据文化特性的不同,乡村研学资源可细化为以下三大类别。

(一)乡村物质文化研学资源

此类资源是乡村智慧与创造力的直接体现,具备鲜明的可视性和可触感。它们涵盖了乡村的建筑风貌,如陕北窑洞、福建永定土楼等地域特色建筑;乡村服饰,如土家族织锦、壮族蜡染布,展现了多样化的民族审美;各类手工艺品,如蒙古鼻烟壶、重庆綦江版画,彰显了乡村艺人的精湛技艺。此外,乡村独特的地域田园风光,如鄂伦春的林海雪原、海南黎寨的热带雨林,也是物质文化遗产中不可或缺的一部分，它们因生存环境与生存方式的差异而各具特色。

（二）乡村制度文化研学资源

乡村制度文化是乡村社群为维护社会稳定与秩序而共同遵循的伦理道德和礼仪规范体系。这包括乡村的权力制度，即由族长或文化精英引领的权力组织及奖惩机制，它们在汉族古村落中尤为显著，虽在现代法制进程中逐渐淡化，但在偏远少数民族村落中仍保留。此外，乡村礼仪规范涵盖了日常饮食、婚丧嫁娶等方方面面，而乡村节庆程序则通过生产节庆、纪念节庆、新年节庆等形式，集中展现了乡村社会的制度性安排与文化传承。

（三）乡村精神文化研学资源

乡村精神文化是乡村共同体内部共享的心理结构与情感模式的深层体现，包括乡村人的性格特征、价值观念和人生哲学等。这种文化是无形的，需要通过深入体验或引导性体验来领悟。例如，客家人的内敛性格影响了其民居建筑的布局，形成了以宗祠为中心的同心圆结构，这不仅是物质文化的体现，更是精神信仰的物化。在乡村研学资源的构成中，精神信仰文化是核心，它塑造并决定了物质文化与制度文化的形态与内涵，而制度文化则作为桥梁连接着精神信仰与物质表现，共同维系着乡村社会的和谐与稳定。

三、按"三农三生"理论为标准划分

"三农"指的是农村、农业和农民，"三生"指的是生产、生活与生态。乡村研学是以乡村的生产、生活、生态"三生"资源为基础，通过创意理念、文化、合理的开发和技术的提升，创造出具有旅游吸引力，带来农业、旅游业、教育业三重收益的一种农业新业态。乡村研学资源包括农业生产型、生态环境利用型以及文化民俗体验型三种类型的研学资源。

农业生产型研学资源包括田间播种、田间管理、蔬果大棚、谷物加工、现代农机、现代养殖、农副生产、丰收采摘等；生态环境利用型研学资源包括植物辨识、野外采摘、野生生物、森林康养、山地运动、溪涧戏水等；文化民俗体验型研学产品包括特色建筑、非遗传承、故事传说、乡村美食、传统文化、节庆风俗等。

四、按《旅游资源分类、调查与评价》国家标准划分

借鉴《旅游资源分类、调查与评价》（GB/T 18972—2017）中对于旅游资源基本类型的划分，同时结合乡村研学资源的特点，将乡村研学旅游资源划分为以下五个大类、19个亚类、59个基本类型（见表3-1）。

表3-1 乡村研学旅游资源类型表

主类	亚类	基本类型
乡村自然生态景观	地文景观	自然景观综合体
		地质与构造形迹
		地表形态
		峡谷段落
		自然标记与自然现象
	水域风光	河系
		湖沼
		地下水
		冰雪地
		海面
	生物景观	植被景观
		野生动物栖息地
	天象与气候景观	天象景观
		天气与气候现象
乡村田园景观	农业生产景观	农业生产场景
		农业生产用具
	田园风光景观	水乡景观
		旱地景观
		梯田景观
	林区风光景观	森林景观
		种植园景观
	渔区风光景观	海洋渔场景观

续表

主类	亚类	基本类型
乡村田园景观	渔区风光景观	淡水渔场景观
	草场景观	草原景观
		草山草坡景观
乡村建筑与设施	居住建筑	民居
		街巷
		民宿、农家乐
		名人故居
	宗法建筑	宗祠
		会馆
		牌坊
		寺庙
		陵墓
	农业建筑	水库
		水渠
		粮仓
		水井
	交通建筑	桥梁
		港口、渡口、码头
		运河
	商业建筑	集市
		茶馆、戏台等娱乐场所
		油坊、砖厂、茶厂等经营类场所
乡村旅游商品	乡村农业产品	风味食品
		乡村特产
	乡村传统工艺与手工艺品	传统工艺
		手工艺品
乡村人文活动和非遗	非物质文化遗产	地方美食
		地方习俗
		传统服饰
		传统演艺

续表

主类	亚类	基本类型
乡村人文活动和非遗	非物质文化遗产	传统医药
		传统体育赛事
	人事活动记录	地方人物
		地方事件
	岁时节令	宗教活动与庙会
		农时节日
		现代节庆

第四章
乡村研学产品分析

- 研学产品设计的主要内容
- 乡村研学资源点的选择与开发
- 乡村自然类资源点的开发
- 乡村文化类资源点的开发

乡村的独特地貌、历史遗迹、民俗文化、特色民居、现代农业、乡镇企业……尤其是乡村振兴战略出来后，乡村风貌日新月异，为广大乡村研学旅游者提供了更多的选择。如果乡村研学产品的设计者，能以天、地、人的宏大视野来审视乡村的广大河山，并且从地点、时间、人物的视角来聚焦一个个村落的过去、现在与未来，每一个乡村都能成为研学旅游的沃土和乐园。

第一节
研学产品设计的主要内容

一、认识研学产品设计

狭义的研学旅游产品，是一种以研究性学习或体验式学习为目的，由教育部门和学校有计划地组织安排，以中小学生为主体，寓学于游、知行合一，以学习知识、了解社会、培养人格为目的的专项旅游产品。广义的研学旅游产品，是一种以研究性学习或体验式学习为目的的专项旅游产品，是旅游者出于文化求知的需要，暂时离开常住地，到异地开展的具有文化性质的旅游活动，面向全生命周期人群。它是一个集课程、基地（营地）或景区（博物馆）、线路、指导师以及配套服务于一体的综合服务体系，研学课程是前提和基础，旅游线路是载体和形式，研学旅游指导师等人力因素是产品价值实现的推动者，研学基地（营地）、景区、博物馆、餐饮、住宿、交通等配套服务要素是乡村研学旅游产品的保障体系。本书采用广义的研学旅游产品概念，下面首先梳理研学产品设计的流程及基本内容，然后重点分析各类乡村研学资源如何融入产品设计，为乡村研学目的地以及相关研学基地的打造、研学企业的产品设计等提供借鉴。

二、研学产品设计的基本流程

第一步是分类设计。根据是否接受委托,分为有委托的设计和无委托的设计。有委托的设计大多来自B端,如学校、研学基地(营地)等,研学设计需要根据委托人的要求进行设计,对研学资源的开发设计的导向明确;无委托的设计,主要是研学企业根据市场需要或引导市场而主动进行的产品设计,从目的地建设来说,乡村地区的政府、合作社以及相关个体,可以结合乡村的独特资源优势以及自身能掌控的一些研学资源等,进行无委托设计,开发系列乡村研学产品。

第二步是市场调研与分析。通过市场调研了解市场需求,识别目标客户群体的具体需求,揭示市场的潜在机会和潜在的竞争对手,及时发现各个阶段可能出现的偏差以控制产品设计的风险等,为研学产品设计提供数据支持和决策基础。

第三步是实地踏勘。研学产品设计需要实地踏勘了解各供应商的情况,包括基地(营地)的现场情况、"吃住行游"等旅游服务供给情况、安全保障以及保险救援等服务情况。根据需要挑选好上游供应商后,再商定合作事宜、签约,以及初步核算产品成本。

第四步是呈现设计结果。研学产品设计的完成需要呈现两套材料——设计方案和对外文本。设计方案是整个前期设计工作的总结,一般包括设计目的、设计思路、特色亮点、产品说明及报价等信息,是具体实施研学活动的方案或蓝图。对外文本则是指将产品设计按照市场化要求进行美化设计和呈现,如研学宣传海报,使研学产品易于销售、便于生产。

三、研学产品体系设计

如前所述,研学产品是一个集课程、基地(营地)或景区(博物馆)、线路、指导师以及配套服务于一体的综合服务体系,研学课程是前提和基础,旅游线路是载体和形式。因此,完整的研学产品体系是以主题为牵引,用线路串起多个课程元素的产品体系,主体来看,包括研学课程和研学线路两大主要内容。

(一)研学课程设计

研学课程设计是将研学课程理念转化为具体、可操作的课程实践活动的关键环节,具有范式化特征,一般需要在遵循研学旅游的要求和目的地资源特点的前提下,设计包含课程理念、价值取向、课程目标、课程任务、课程内容、时间安排、组织形式等选择和操作过程的设计,以形成满足受众研学需求的单个主题研学课程。它是研学产品设计者对资源进行充分了解后的构思呈现。

要注意区别研学产品设计与研学课程设计的内容。研学课程设计是指根据学习者的需求来确定课程目标,并根据这一目标,遵循研学旅游的规律和要求,分析目的地研学资源的特点,借助一定的教学方式方法,结合学生实际情况,将研学课程诸要素有序、优化安排,形成可操作的范式化课程方案,再通过计划、组织、实施、评价、修订来达到课程目标的整个工作过程。而研学产品设计是在研学课程设计的基础上,根据课程内容、研学场域、目标客户群体,选择适用的课程内容,以一定的形式和价格组合成一个可销售的产品,向市场进行投放,包括但不限于活动、文创周边等。可以说,研学课程设计是研学产品设计的基础,研学产品设计则是研学课程设计进行市场化的一个过程。

在设计研学产品时,要关注研学课程设计既要具有教育性、趣味性和实用性,又要注重课程的针对性和实效性。教育性是研学产品设计的根本,特别针对中小学生集体研学的产品,课程内容需要与学校的课程标准紧密结合,紧密关联到即将学习的重点知识点;趣味性则是吸引研学旅游者参与和持续参与的关键,趣味性可以通过多种方式来实现,如通过创设情境、角色扮演、小组合作等形式增加课程的互动性和体验性;实用性意味着研学旅游者在研学中学到的知识和技能应该是可以应用于实际生活或学习中的;针对性和实效性则要求在设计课程时要考虑到目标客群的实际需求和特点。

(二)研学线路设计

研学产品的整体设计必须讲究产品的系统性和全面性,研学产品线路设计是在一定区域范围内以地方特色、优秀传统为基础,进行研学主题和特色的深度挖掘,并根据现有研学资源的分布状况、研学基地区域位置以及整个区域研学旅游发展的整体布局,采用科学的方法,组合住宿接待设施、研学资源点、交通等要素,形成完整的线路。研学线路将多个主题的研学课程设计链向上、下游进行衍生整合,注重选择课程间的相互关联、有效整合。科学规划研学线路,既要考虑整个旅途的学习体验,又要考虑线路的安全性、经济性、可行性等。

按研学活动内容划分,研学线路分为综合性研学线路和专题性研学线路。综合性研学线路所串联的各点研学资源性质各不相同,整条线路具有活动内容全面性的特色;专题性研学线路是一种以某一专题为基本内容串联各旅游点而成的研学产品线路,全线各节点有比较专一的研学主题,具有较强的文化性、知识性和趣味性,受到很多游客的欢迎。按研学主题划分,可以分为"研学+文化""研学+农业""研学+工业""研学+科技"等多种主题线路。

在设计研学线路时,应全面考虑安全性、舒适性和挑战性,通过精心设计,实现教育旅游活动的研学目标。安全性是线路设计的首要原则,在规划每一个活动点的行程时,必须考虑交通安全、活动安全以及紧急情况的应对措施,如在活动设计时,应提供急救知识讲解、紧急联络方式等安全指导;舒适性主要是指线路行程设计应合理安排行程的节奏,保证充足的休息时间和适当的活动强度;线路设计还可以适当提高挑战性,提高研学旅游者解决问题的能力。

研学产品在设计时,要重点把握课程研发和线路组合,多个主题的线路能形成满足多类市场需求的研学产品体系。

第二节
乡村研学资源点的选择与开发

研学产品最核心的竞争力在于对资源的巧妙构思与设计,因此,乡村研学产品设计,不管从目的地建设还是研学行业发展来看,首先应该落到乡村研学资源的选择与开发上。

一、乡村研学资源点选择的原则

要将乡村资源转化为乡村研学资源,要将旅游资源变为教育资源,首先应该遵循研学资源选择的原则。

(一)多维原则

将乡村旅游资源转化为乡村研学资源,需要将旅游资源转变为教育资源。这个过程并非简单地叠加,而是要遵循研学资源选择的原则,实现旅游资源的教育化转变。在这个过程中,多维原则是首要考虑的因素。

多维原则主要包括空间维度、时间维度和人物维度。空间维度指的是选择具有特色和吸引力的乡村旅游目的地,让研学旅游者在实地考察中感受乡村的风土人情,体验地域文化。时间维度则关注研学活动的时机选择,以便充分利用乡村旅游资源,如丰收季节、传统节日等,让研学旅游者在特定的时间节点感受乡村的生产生活。人物维度则着重考虑向谁学习,可以邀请当地居民、农民、传承人等参与教学活动,让研学旅游者从不同角度了解乡村,增强互动性。

(二)充分原则

充分原则指的是在挖掘研学资源时,要全面考虑各种因素,充分挖掘每个研学资源点的内涵。这样,才能为不同人群和服务于不同主题的设计提供坚实的基础。

在实际操作中,如何遵循充分原则呢?

①深入研究乡村的历史文化背景:每个乡村都有其独特的历史和文化底蕴。在转化为研学资源时,要充分挖掘这些历史文化元素,让研学旅游者在旅行过程中感受到乡村的历史变迁和文化传承。

②关注乡村的自然环境:乡村的自然环境是其独特之处。在开发研学资源时,要充分考虑乡村的自然景观、生态环境和生物多样性等因素,让研学旅游者在旅行中体验大自然的神奇魅力。

③发挥乡村产业优势:乡村的农业、手工业等产业是研学旅游的重要内容。在选择研学资源时,要充分挖掘乡村产业的特色和优势,让研学旅游者了解乡村的产业发展和乡村振兴之路。

④突出乡村社区特色:每个乡村都有其独特的社区文化和生活方式。在开发研学资源时,要充分关注乡村社区的亮点,让研学旅游者感受乡村社区的温馨和活力。

⑤结合教育需求和人群特点:在选择研学资源时,要充分考虑不同年龄、兴趣爱好和教育需求的人群。根据不同人群的特点,设计富有特色和教育意义的研学主题,以满足各类研学旅游者的需求。

⑥创新研学旅游方式:在充分挖掘研学资源的基础上,要不断创新研学旅游的方式。可以采用实地考察、动手实践、互动体验等多种形式,让研学旅游者在旅行中收获知识和技能。

总之,要将乡村旅游资源转化为乡村研学资源,就需要遵循充分原则,充分挖掘每个研学资源点的内涵。通过以上六个方面的努力,我们可以为研学旅游者提供多样的乡村研学体验,促进乡村旅游业的可持续发展。

(三)趣味原则

趣味原则指的是研学资源点的选择,要把"研学旅游者是否喜欢"置于"对研学旅游者有教育意义"之上。也就是说,要先考虑研学资源点的趣味性挖掘,置于教育性挖掘之上。

首先,我们要明确,研学旅游的核心目标是提升参与者的综合素质。在这个过程中,资源点的选择至关重要。资源点的教育性挖掘旨在发掘其内在的知识、文化和价值观念,使研学旅游者在参观、体验的过程中,能够从中受益。然而,如果资源点缺乏趣味性,难以引起研学旅游者的兴趣,那么即使其教育意义再大,也无法实现研学旅游的初衷。因此,在选择研学资源点时,应优先考虑其趣味性。

其次,趣味性是吸引研学旅游者的重要因素。一个富有趣味性的资源点,可以激发参与者的好奇心、探索欲,使他们更愿意投入到研学活动中。在这种情况下,教育意义的传递变得更加自然、有效。相反,如果资源点缺乏趣味性,研学旅游者可能会对活动产生抵触情绪,导致教育效果大打折扣。因此,在研学资源点的选择上,优先考虑趣味性,有助于提高整体活动的质量。

再次,注重研学资源点的趣味性挖掘,并不意味着忽视其教育性。相反,是通过趣味性引导研学旅游者自主探索、发现,从而更好地挖掘资源点的教育价值。例如,我国许多历史文化遗址具有深厚的历史底蕴,可以通过创意展示、互动体验等方式,使其变得生动有趣。在这样的环境中,研学旅游者更容易感受到文化的魅力,进而产生深入了解、学习的愿望。因此,在选择研学资源点时,应兼顾趣味性与教育性。

最后,要实现研学资源点的趣味性与教育性的有机结合,需要策划者具备高度的专业素养和敏锐的洞察力。他们应充分了解研学旅游者的需求和兴趣,巧妙地将教育元素融入资源点的设计中。同时,还要注重与时俱进,不断创新,使研学旅游活动更具吸引力。这样,才能让研学旅游真正成为一种寓教于乐、深受喜爱的活动。

二、乡村研学旅游主题设计

乡村研学旅游作为一种结合教育与实践的活动,主题设计至关重要。以下几个方面可以作为乡村研学旅游的主题。

(一)乡村自然生态

以保护生态环境、倡导绿色生活为主旨,让研学旅游者亲身感受大自然的美好,了解生态环境的脆弱性,培养研学旅游者的环保意识和责任感。可以设计观鸟、识草、认树、监测水质等活动,让研学旅游者在实践中掌握生态知识。

(二)农耕文化

以传承农耕文明、体验农家生活为主题,让研学旅游者了解传统农耕文化,体验农耕劳作,感受农民的辛勤付出。可以设计种植、养殖、制陶、编织等活动,让研学旅游者亲身体验农耕文化的魅力。

(三)乡村民俗风情

以体验民俗、传承文化为主旨,让研学旅游者了解乡村的风土人情,感受民俗的魅力。可以设计参观古村落、了解传统婚俗、学习民间艺术等活动,让研学旅游者在实践中成为民俗文化的传承者。

(四)乡村公益服务

以关爱乡村、服务他人为宗旨,让研学旅游者参与乡村公益活动,培养他们的社会责任感和团队协作精神。可以设计支教、扶贫、环保等活动,让研学旅游者在实践中学会关爱他人,关注社会公益事业。

(五)乡村产业发展

以了解乡村产业、促进乡村振兴为主导,让研学旅游者了解乡村产业发展现状,为乡村振兴出谋划策。可以设计农产品品鉴、农业技术参观、乡村企业考察等活动,让研学旅游者在实践中了解乡村产业发展趋势。

通过以上主题设计,乡村研学旅游将更好地发挥教育与实践相结合的优势,为研学旅游者提供丰富的学习体验,同时助力乡村振兴。

第三节
乡村自然类资源点的开发

一、乡村自然生态景观

表4-1　乡村自然生态景观资源类型表

主类	亚类	基本类型
乡村自然生态景观	地文景观	自然景观综合体
		地质与构造形迹
		地表形态
		峡谷段落
		自然标记与自然现象
	水域风光	河系
		湖沼
		地下水
		冰雪地
		海面
	生物景观	植被景观
		野生动物栖息地
	天象与气候景观	天象景观
		天气与气候现象

(一)地文景观

1.地文景观资源类型及研学设计重点

①自然景观综合体

乡村自然景观综合体包括山川、湖泊、森林、农田等多种自然元素,这些元素共同构成了独特的自然景观。在研学旅游中,研学旅游者可以亲身感受大自然的神奇魅力,了解自然景观的形成过程和演化机制。

②地质与构造形迹

地质构造是地球表面岩石层受力发生变形的过程。通过观察地质构造形迹,如褶皱、断层、岩层错动等,研学旅游者可以了解地球内部的奥秘,培养对地质学的兴趣。

③地表形态

地表形态是自然力量长期作用于地球表面的结果。研学旅游中,研学旅游者可以学习地表形态的成因,如河流侵蚀、冰川作用、风蚀等,并了解其对生态环境的影响。

④峡谷段落

峡谷是河流侵蚀地貌的典型代表。研学旅游者可以参观峡谷段落,了解河流侵蚀的过程,探讨峡谷地貌与河流的关系,从而认识自然环境的演变。

⑤自然标记与自然现象

自然标记和自然现象是自然界中普遍存在的现象,如化石、矿石、天文现象等。通过观察和分析这些自然标记和自然现象,研学旅游者可以加深对自然规律的理解,培养科学探究精神。

2.地文景观资源点设计案例

表4-2　地文景观资源点课程设计案例

研学资源选择	地质构造
课程主题	地学徒步
课程目标	行路中挖掘重庆高山的秘密,揭开地穴知识的面纱
课程目标人群	6～15岁青少年家庭
课程亮点	(1)读万卷书,也要行万里路 (2)行走中的地质讲堂 (3)与2.6亿年前的古生物化石聊一聊
课程内容	(1)亲子地质学科普体验 (2)从地质学角度考察重庆历史 (3)亲子徒步挑战

注:案例来源——"森林营"。

(二)水域风光

1.水域风光资源类型及研学设计重点

①河系

河流是大地母亲的血脉,贯穿我国广袤的乡村土地。河流沿线风光旖旎,植物繁茂,动物种类繁多。研学旅游者可以沿着河流观察水质、植被、鱼类等生物,了解河流生态系统的特点和保护措施。此外,还可以通过学习河流历史,让研学旅游者认识到河流在乡村发展中的重要作用。

②湖沼

湖泊和沼泽是水域风光的另一大特色,它们犹如明珠般散落在乡村。湖沼生态系统具有较高的生物多样性,是许多水生生物的栖息地。通过参观湖沼,研学旅游者可以了解湖泊的形成、演化过程,以及湖沼在调节气候、供水、防洪等方面的作用。同时,学习湖泊环境保护和治理措施,提高环保意识。

③地下水

地下水是维持地球生命活动的重要水源,其在乡村生产生活等方面具有不可替代的作用。研学旅游者可以通过实地考察,了解地下水的分布、形成、水质等问题,认识地下水资源保护的重要性。此外,还可以学习地下水污染防控知识,为保护乡村水资源贡献力量。

④冰雪地

冰雪地景观在乡村地区同样具有独特魅力。研学旅游者可以亲身体验冰雪世界的神奇,了解冰雪地生态系统的特点和生物适应性。通过学习冰雪地的形成、消融过程,以及冰雪地对生态环境的影响,让研学旅游者认识到全球气候变化对乡村生态环境的影响。

⑤海面

沿海乡村的海面风光独具特色,海洋生态系统丰富多样。研学旅游者可以参观海滩、潮池等场所,观察海洋生物、了解海洋生态系统的运行规律。通过对比沿海乡村的海洋生态环境和内陆水域风光,让研学旅游者认识到海洋环境保护的重要性。

2.水域风光资源点设计案例

表4-3 水域风光资源点课程设计案例

研学资源选择	江河
课程主题	水映足迹,行鉴江河
课程目标	亲近自然+培养环保意识+学习科学知识+提升动手能力+增强社交合作能力
课程目标人群	9～15岁青少年或其家庭
课程亮点	(1)趣味河流探险,与水生物亲密接触 (2)多学科知识应用 (3)环保意识的培养
课程内容	(1)河流探险 (2)河流水质监测 (3)河流地质特征考察 (4)河流沿岸文化探索 (5)河流生态清理行动

注:案例来源——"森林营"。

(三)生物景观

1.生物景观资源类型及研学设计重点

①植被景观

植被景观是指在一定区域内的植物群落及其生长环境形成的景观。乡村的植被景观具有丰富的多样性,包括农田作物、树林、草地、水域等不同类型的植被。通过观察和研究植被景观,我们可以了解植物的生长习性、生态适应性以及植被对生态环境的影响。在研学旅游活动中,组织者可以安排参观不同的植被景观,让研学旅游者亲身感受大自然的神奇魅力,同时培养他们关爱生态环境的意识。

②野生动物栖息地

野生动物栖息地是指生物与其生活环境相互作用的自然空间。乡村的野生动物栖息地主要包括森林、湿地、草原、农田等多种生态系统。在这些栖息地中,生活着各种各样的野生动物,如鸟类、哺乳动物、爬行动物等。通过观察和研究野生动物栖息地,我们可以了解动物的生存状况、生活习性以及栖息地保护的重要性。在研学旅游活动中,组织者可以带领研学旅游者参观野生动物栖息地,让他们近距离接触大自然,培养他们尊重生命、保护生态的意识。

2.生物景观资源点设计案例

表4-4 生物景观资源点课程设计案例

研学资源选择	种子
课程主题	生命的时间胶囊
课程目标	学习种子传播和生长的奥秘,感受种子带来的启示和力量,在心里种下一颗"生命科学的种子"
课程目标人群	6~15岁青少年或其家庭
课程亮点	(1)素质拓展+跨学科交叉启蒙: 自然游戏+艺术课程+科学实验+户外生存+五感体验 (2)沉浸式自然体验+趣味多元探究: 自然观察+自然探究+自然表征
课程内容	(1)种子传播——植物界的天才旅行家 (2)生物解剖——小小种子的奥秘 (3)奇趣自然——种子运动会: 芦苇投壶、苍耳飞镖、南酸枣保镖…… (4)自然美学——生命的时间胶囊

注:案例来源——"森林营"。

(四)天象与气候景观

1.天象与气候景观资源类型及研学设计重点

①天象景观

天象景观是指自然界中各种天文现象的景观,如日食、月食、流星雨等。在乡村研学旅游中,组织研学旅游者观察和了解这些天象现象,既能激发他们对天文知识的兴趣,又能增强他们对自然界的敬畏之心。为了更好地观察天象,可以选择在晴朗的夜晚,组织研学旅游者进行观星活动。邀请专业天文老师讲解星座知识,引导研学旅游者认识常见的星座,了解天文望远镜的使用方法。通过观星活动,让研学旅游者感受宇宙的浩瀚,培养他们对天文知识的兴趣。

②天气与气候现象

天气与气候现象是自然界中普遍存在的现象,对人类生活产生着重要影响。在乡村研学旅游中,可以通过观察天气变化、了解气候特点,让研学旅游者认识到气候对农业生产、人类生活的重要性。此外,还可以结合乡村的实际案例,讲解气候变化对生态环境、农业产业、农村生活等方面的影响,使学生更好地理解气候科学与环境保护的意义。可以安排研学旅游者参观农业气象观测站,了解气象观测设备及其作用,学习气象预报的基本原理。通过实际操作,让研学旅游者体验气象观测的乐趣,培养他们关注气候变化、保护生态环境的意识。

通过以上活动,乡村自然生态景观研学旅游不仅能让研学旅游者感受到大自然的神奇与美丽,还能培养他们的科学素养、环保意识和实践能力,实现素质教育的目标。在策划和实施研学旅游活动时,要充分考虑研学旅游者的兴趣、需求和实际操作性,确保活动取得良好的效果。

2.天象与气候景观资源点设计案例

表4-5 天象与气候景观资源点课程设计案例

研学资源选择	星空
课程主题	天文观星
课程目标	学习天文学知识,感受宇宙的浩瀚,许下浪漫的期许
课程目标人群	9~15岁青少年
课程亮点	(1)实践天文观测,收获天文知识 (2)感受浩渺宇宙,构建宏大世界观 (3)邂逅浪漫流星雨,许下101个愿望 (4)学会最美的期待
课程内容	(1)学习使用天文望远镜 (2)观测行星 (3)观测月球 (4)认识系外恒星及星座 (5)观测太阳 (6)搜索人造卫星 (7)流行雨观测 (8)天文与历法学习,入职"司天监"

注:案例来源——"森林营"。

二、乡村田园景观

表4-6　乡村田园景观资源类型表

主类	亚类	基本类型
乡村田园景观	农业生产景观	农业生产场景
		农业生产用具
	田园风光景观	水乡景观
		旱地景观
		梯田景观
	林区风光景观	森林景观
		种植园景观
	渔区风光景观	海洋渔场景观
		淡水渔场景观
	草场景观	草原景观
		草山草坡景观

(一)农业生产景观

1. 农业生产景观资源类型及研学设计重点

①农业生产场景

为了让研学旅游者深入了解农业生产过程,我们可以安排参观农田、养殖场等农业生产现场,让他们亲身感受农民的劳作生活。此外,还可以展示各种先进的农业生产设备,如水稻收割机、智能温室等,让他们领略现代农业的魅力。

②农业生产用具

展示传统和现代农业生产工具,如镰刀、锄头、簸箕等,让研学旅游者了解农业生产工具的发展历程,感受农耕文明的厚重。

2. 农业生产景观资源点设计案例

表4-7 农业生产景观资源点研学设计案例

研学场景设计	农耕文化展览	
布展内容	实物模型、图片文字、纪念品等 如犁头、木楔、筐篮、泥坛、陶罐、风车、石磨、蓑衣、牛犁、牛缰绳、独轮车、粮筐、粮柜等	
布展特色	以乡村自然风光、田园作物、耕作场景为背景,以劳动工具、作物标本、生活器具为特色,以实物展示和文字介绍为主要方式,让研学游客触摸、试用农耕工具,感受农耕文明的智慧	
展厅分布	(1)农耕器具展示馆 (2)互动趣味活动室 (3)农产品及纪念品商店	建议在展览旁边设置一个乡土气息浓郁的小商店,以出售当地具有农耕文化特色的土特产和工艺美术品。如稻米、土鸡、鸡蛋、新鲜绿色蔬菜等土特产和作物(如作物种子、花朵、叶片等)标本的精美挂件或纪念性商品
研学目的	(1)让研学旅游者充分感受农业情怀和情趣,获得更多的科普知识和农业知识 (2)让研学旅游者感悟人与农业的关系,农业文明是中华文明的基石 (3)让研学旅游者领略回归田园雅趣、回归自然的乐趣	

注:案例整理于《亲子民宿研学文创引爆乡村旅游》。

(二)田园风光景观

1. 田园风光景观资源类型及研学设计重点

①水乡景观

组织参观水乡风貌,如河道、桥梁、古建筑等,让研学旅游者领略水乡的宁静与美好。同时,可以安排摇橹船体验,让他们亲身体验水乡人的生活。

②旱地景观

参观旱地农耕文化,如小麦、大豆、花生地等,让参与者了解旱地农业的特点和魅力。此外,还可以安排体验传统农事活动,如播种、收割等,让他们亲自动手,感受农耕的乐趣。

③梯田景观

游览梯田风光,欣赏大自然的鬼斧神工。同时,可以邀请当地农民讲解梯田的修建历史、农耕文化等,让研学旅游者对梯田有更深入的了解。

2. 田园风光景观资源点设计案例

表4-8　田园风光景观资源点课程设计案例

研学资源选择	稻田
课程主题	"童年·稻田"系列课程
课程目标	劳动带来的精神和身体的充实感+学会与他人沟通合作+探索课本之外的博物知识
课程目标人群	6~15岁青少年或其家庭
课程亮点	(1)经历真实、艰辛的农耕劳动 (2)观察节气与生活的关系 (3)学习课本学不到的博物百科 (4)享受玩泥巴、捉昆虫的乐趣
课程内容	(1)惊蛰育苗: 开播仪式、水稻育苗、玉米育苗、节气知识 (2)春分翻土: 翻土、做稻草人、移摘玉米、挖野菜、做清明粑 (3)立夏插秧: 插秧、种子画、酵素肥料制作 (4)芒种施肥: 施肥、水稻测量、认识病虫害、水稻虫害防治 (5)处暑收割: 工具使用、收割水稻、打谷子、纪录片观影 (6)白露打米: 打米、田园野餐、做竹筒饭、结营仪式

注:案例来源——"酷虫巴士"。

(三)林区风光景观

1. 林区风光景观资源类型及研学设计重点

①森林景观

走进茂密的森林,观察树木、植被、动物等生态环境,让研学旅游者感受大自然的神奇与生物多样性。此外,还可以安排森林徒步活动,让他们亲身体验户外探险的乐趣。

②种植园景观

参观各种果园、茶园、植物园等,了解植物的生长过程和特色。同时,可以安排采摘活动,让参与者亲手摘取果实,品尝乡村美食。

2. 林区风光景观资源点设计案例

表4-9　林区风光景观资源点课程设计案例

研学资源选择	丛林
课程主题	荒野求生
课程目标	学习丛林生活技能+收获快乐与生存技巧
课程目标人群	6～15岁青少年
课程亮点	(1)深入自然,与自然为友 (2)进阶生存技能
课程内容	(1)自然可食 (2)自然可用 (3)自然可住 (4)生存技能:火的使用(燃烧原理与火塘架设、验证钻木取火的方式取火、火绒制取与镁棒引火、火源的保存、野外用火安全)、水的获取(水源寻找、净水工具获取、凝结法取水、蒸馏法取水)

注:案例来源——"森林营"。

(四)渔区风光景观

1. 渔区风光景观资源类型及研学设计重点

①海洋渔场景观

游览海滨渔村,观察海洋生态系统,了解渔民的生活。同时,可以安排出海捕鱼体验,让研学旅游者感受海洋的壮美。这是目前沿海地区非常流行的研学活动。

②淡水渔场景观

参观淡水养殖场,了解淡水鱼类的特点和养殖技术。此外,还可以安排垂钓活动,让研学旅游者享受垂钓的乐趣。

2. 渔区风光景观资源点设计案例

表4-10 渔区风光景观资源点课程设计案例

研学资源选择	桑基鱼塘
课程主题	桑基鱼塘探秘
课程目标	了解桑基鱼塘这一独具地方特色的生态农业生产形式,感悟祖先的聪明才智,认知良性循环的生态系统,感受沿岸的历史文化
课程目标人群	6~18岁青少年或其家庭
课程亮点	(1)涵盖自然科学、人文历史、劳动教育等方面内容 (2)具有独特的历史、艺术和研究价值
课程内容	(1)撒网捕鱼体验当渔民 (2)纺纱缫丝做织工 (3)采桑喂蚕做蚕农 (4)了解桑基鱼塘基塘农业循环原理

注:案例来源——整理于"西樵渔耕粤韵文化旅游园2023年春季研学课程"。

(五)草场景观

1. 草场景观资源类型及研学设计重点

①草原景观

游览草原风光,观察草原生态,了解草原文化。同时,可以安排骑马、草原拔河等体验活动,让研学旅游者感受草原民族的豪情。

②草山草坡景观

参观草山草坡,欣赏大自然的美丽。此外,可以安排徒步、登山等活动,让研学旅游者在欣赏美景的同时,锻炼身体。

通过以上丰富的乡村田园景观活动,让研学旅游者深入了解乡村文化,体验农耕文明,感受大自然的神奇与美妙,从而提升他们的综合素质和实践能力。同时,也有利于培养他们热爱乡村、关心农业、保护环境的意识。

2. 草场景观资源点设计案例

表4-11 草场景观资源点课程设计案例

研学资源选择	草场
课程主题	仙女山自然研学
课程目标	培养亲子感情,学习自然博物知识,锻炼体魄,做环保小卫士。
课程目标人群	6~12岁青少年家庭
课程亮点	(1)深入仙女山的喀斯特地貌 (2)感受草场生物多样性 (3)培养环保意识
课程内容	(1)徒步亚高山草甸 (2)寻找远古海洋生物化石,各种有趣神奇的小昆虫,憨态可掬的小羊小马 (3)学习LNT(Leave No Trace)无痕山林的行动理念 (4)体验护林员安装红外相机 (5)利用苔藓和废弃塑料制作自然艺术品 (6)露营

注:案例来源——整理于"自然介"。

第四节

乡村文化类资源点的开发

一、乡村建筑与设施景观

乡村建筑与设施是乡村振兴的重要载体,承载着丰富的历史文化信息和乡村生活方式。在研学旅游活动中,我们可以围绕乡村建筑与设施开展一系列富有教育意义的活动。

表4-12 乡村建筑与设施景观资源类型表

主类	亚类	基本类型
乡村建筑与设施	居住建筑	民居
		街巷
		民宿、农家乐
		名人故居
	宗法建筑	宗祠
		会馆
		牌坊
		寺庙
		陵墓
	农业建筑	水库
		水渠
		粮仓
		水井
	交通建筑	桥梁
		港口、渡口、码头

续表

主类	亚类	基本类型
乡村建筑与设施	交通建筑	运河
	商业建筑	集市
		茶馆、戏台等娱乐场所
		油坊、砖厂、茶厂等经营类场所

(一)居住建筑

1.居住建筑资源类型及研学设计重点

①民居

民居是村民生活的基本单元,通常体现了乡村的历史、文化和地理特点。参观不同地域的民居,可以了解其建筑风格、布局、建筑材料等方面的差异。

②街巷

街巷是村民日常生活的场所,其布局和风貌有不同的地域特点。可以组织研学旅游者参观具有特色的街巷,了解乡村空间的演变。

③民宿、农家乐

民宿和农家乐是乡村旅游业的重要组成部分,它们的建筑风格和经营方式各具特色。研学旅游者在民宿、农家乐既能体验当地的建筑特色与饮食、民俗活动,又能深入了解乡村生活。

④名人故居

一些乡村名人故居具有较高的历史文化价值,参观这些故居可以了解名人的事迹和成就,激发研学旅游者的爱国情怀。

2.居住建筑资源点设计案例

表4-13 居住建筑资源点课程设计案例

研学资源选择	民居
课程主题	寻觅百年石头厝——海岛居住文化的"活化石"
课程目标	感悟石头厝凝聚的海岛先民战天斗地的生存智慧,学习这一风情浓郁的独特民居的建筑艺术,了解平潭所代表的海防历史,树立保家爱国的思想

续表

课程目标人群	9～18岁青少年家庭
课程亮点	(1)探访中国不同于中国传统建筑的石头建筑 (2)爬山涉海,长知识有趣味
课程内容	(1)走访探源:石头厝背后的地理逻辑 通过感受平潭"三宝"——风、沙、石,理解受地理自然条件和资源影响,平潭人不断与石头"硬磕";爬上山坡,探寻花岗岩,找到石头厝修筑的便利原料;与岛民交流,感受岛民的质朴稳重,理解石头厝是岛民内心安全感的重要依托 (2)感悟沿革:与时代同频的演变轨迹 四扇厝:四扇厝是平潭最主要的民居类型,中间为厅,两边为房。通过仔细观察四扇厝,发现"虎齿墙",感受先民建房的不易和智慧 竹篙厝:清代海防的遗址。类似闽南建筑,特点是以数十间房连成排厝,形似"竹篙" 官厝:水师官员的家产,其中以"詹厝"为代表。闽南红砖石构,规模恢宏、气派不凡 (3)理解焕新:平潭旅游发展的"金名片" 国际旅游岛建设,让石头厝迎来一个历史转折点。来到北港文创村,走走"石头会唱歌""半坡民宿""石锣石鼓""风中旅行""九月美宿"等两岸开发的文创店铺,感受被《中国国家地理》杂志形容为"谜一样的彩色城堡"的石头厝成为了平潭旅游发展的"金名片"

注:资料整理、创作于《中国国家地理》、"平潭文旅"。

(二)宗法建筑

1. 宗法建筑资源类型及研学设计重点

①宗祠

宗祠是乡村家族文化的载体,承载着祭祀、聚会等功能。参观宗祠,可以了解乡村的家族制度、祭祀文化等。

②会馆

会馆是同乡或同业人士聚会的场所,具有很高的历史文化价值。参观会馆,可以了解乡村的社交文化和地域特色。

③牌坊

牌坊是古代表彰功勋、节孝等的建筑,具有很高的艺术价值。参观牌坊,可以了解古代的表彰制度和社会风气。

④寺庙

寺庙是乡村宗教文化的体现,通常具有独特的建筑风格。参观寺庙,可以了解当地的宗教信仰和民俗文化。

⑤陵墓

陵墓是历史名人的安息之地,具有一定的历史文化价值。参观陵墓,可以了解古代的丧葬制度和墓园文化。

2.宗法建筑资源点设计案例

表4-14 宗法建筑资源点课程设计案例

研学资源选择	寺庙
课程主题	古寺问道
课程目标	参悟佛理,感知佛法,通过体验、参禅读懂内心所需
课程目标人群	对宗法建筑及文化有兴趣的中青年成人客群
课程亮点	(1)体验乡间寺庙的居士生活 (2)了解佛教艺术及文化
课程内容	(1)寺庙参观:参观寺庙的主殿、天王殿、大雄宝殿等重要建筑,了解佛教寺庙的构造和功能,认识佛教供奉对象,祈福 (2)佛教讲座:请僧侣讲解佛教的修行方法和精神内涵,帮助游客更好地理解佛教文化 (3)佛教艺术体验:学习佛教艺术形式,切磋技艺,如佛像雕刻、书法、传统绘画、古琴、下棋、沏茶等 (4)分享素斋:做一次居士,为游客分享素斋,理解佛教的广施善行 (5)禅修体验:参加一次禅修体验活动,静坐冥想,感受寺院的宁静和内心的平静

注:案例整理于"普宁寺研学方案"。

(三)农业建筑

1. 农业建筑资源类型及研学设计重点

①水库

水库是农业灌溉的重要设施,参观水库可以了解水利工程的原理和作用。

②水渠

水渠是农业灌溉的通道,参观水渠可以了解古代水利工程的技艺和智慧。

③粮仓

粮仓是农业丰收的保障,参观粮仓可以了解粮食储备和仓储技术。

④水井

水井是村民过去用水的主要水源,参观水井可以了解古代的饮水方式。

2. 农业建筑资源点设计案例

表4-15 农业建筑资源点课程设计案例

研学资源选择	水渠
课程主题	家乡的维度——柳荫水渠研学
课程目标	探寻家乡历史、体验农耕文化、感受自然之美
课程目标人群	9~15岁青少年或家庭
授课地点	重庆北碚柳荫
教具自检清单	扩音器、水筒、水、剖开的塑料水管10根(每根0.5米左右长,直径5厘米左右,沿直径剖开成两半)、透明的长管水壶、绘画和手工工具、研学手册
活动流程	
(1)情景导入(所需教具:扩音器) 提问:你所了解的家乡重庆,是怎样的呢? 引入:重庆,除了高楼大厦,还有美丽乡村。美丽的乡村里,有"宽阔的田野"。但是,田野灌溉所需要的水源,是来自哪里呢?如果遇上干旱,庄稼需要的水从哪里来呢? 分组:根据学生人数,将学生分组,5人为一组。 (2)明确主题 探寻水渠历史,理解水渠灌溉的科学原理,感受农耕智慧,产生热爱家乡的情感。 (3)确认方案 第一步,初见水渠。	

续表

第二步,寻找水渠。
第三步,步入水渠。
第四步,探秘水渠。
第五步,欣赏水渠。
第六步,感悟水渠。
(4)体验探究(所需教具:塑料水管、水筒、水、绘画和手工材料)

课程环节	教学方法	教学目标	实施过程	所需教具
初见水渠	观察法	激发学生好奇心	在柳荫镇东升村的朝霞居饭店门口,引导学生看"天桥"——一座横跨马路、悬空高达十多米、但只有马拉车宽度的"天桥"。请学生猜测:这是什么?是古代的桥梁么?	无
寻找水渠	观察法	初步感知水渠形态	带着学生走向"天桥"旁边的乡间小路,带领学生一步步探秘——原来"天桥"是"水渠",像一条巨龙盘旋在山野中,一会儿悬空腾跃,一会儿伏地爬行。	无
步入水渠	讲授法、观察法	认知水渠类型、功用、结构	带领学生一步步走入水渠,当学生刚走入时,他们会提问:我们要去的水渠在哪里呀?导师会解密:我们所在的"长城"就是你们要找的水渠、大地的水管呀!学生这时会仔细观察水渠的宽度、建筑材料、结构特点,也会总结出水渠有不同的形态:除了公路上看到的"架高型",还有踩着的"平地型"。更会有直观体验——水渠的作用就像自来水管一样,是输送水流的管子。	无
探秘水渠	体验法	探秘水渠修建的科学原理	"水是怎样流动的?"——"从高处往低处流"。回顾了水渠的运水原理之后,学生使用导师提供的水管,模拟运水,通过团队合作,体验水渠的运水原理。用透明的长管水壶注入水,让学生感受"连通器原	塑料水管、水筒、水

续表

课程环节	教学方法	教学目标	实施过程	所需教具
探秘水渠	体验法	探秘水渠修建的科学原理	理"。让学生思考:柳荫水渠的水源地海拔高度与灌溉地海拔高度有什么关系?柳荫水渠的水从哪里来?水源地到柳荫,有低凹地带,为什么到了我们脚下的山顶,仍然能有水流出?为什么要修建水渠?现在又为什么不再使用水渠运水?	
欣赏水渠	观察法	欣赏美好的乡村风光	引导学生欣赏人与自然和谐共生的乡村风光,感悟绿水青山就是金山银山的生态发展观,用无人机、摄影师等多机位拍摄,留下美好记忆。 用导师提供的绘画和手工材料,现场写生,创作水渠美景图画、雕塑。	绘画和手工材料
感悟水渠	讲解法、交流法	感悟"愚公移山"的水渠精神	邀请参与水渠修建的柳荫镇老人,向学生讲解柳荫水渠修筑中的困难,肩挑背扛,地质勘测和材料质量问题,历经两次大失败,28年的修筑,才得以完工。让学生感悟中国人"愚公移山"坚持不懈的精神品质,"1/3的劳动力"参与水渠修筑的团结协作精神。	无

(5)展示交流

学生根据手册完成对水渠的考察后,以接受采访、分享交流的形式呈现探究结果。回到学校后,学生对现场收集的资料进行汇总,以小作文、手抄报、自然笔记等形式进行呈现。

(6)反思评价(所需教具:评价表)

课题	家乡的维度——柳荫水渠研学	姓名		班级		日期	

续表

评价标准	评价等级				
	非常同意	同意	一般	不同意	非常不同意
理解水渠修建的科学原理					
感悟百折不挠的水渠精神					
热爱多维度的家乡美景					

(7) 拓展延伸

随着农业现代化的发展，今天的水渠，已经失去了灌溉功能。那么，它还可以做什么呢？

引导学生思考农业遗迹"旅游+"促进乡村发展的功用。

注：案例整理、创作于四川美术学院"家乡的维度——柳荫水渠研学"。

(四) 交通建筑

1. 交通建筑资源类型及研学设计重点

①桥梁

桥梁是乡村交通的要道，参观桥梁可以了解古代的交通方式和建筑技艺。

②港口、渡口、码头

港口、渡口、码头是乡村与外界交流的重要场所，参观这些地方可以了解当地的交通历史和贸易文化。

③运河

运河是古代的交通大动脉，参观运河可以了解古代的水利工程和运输体系。

2. 交通建筑资源点设计案例

表4-16　交通建筑资源点课程设计案例

研学资源选择	渡口
课程主题	姚江古渡口一缕诗书香
课程目标	通过走访,学习感悟古渡口的商贸与文化基因,认知河流、渡口对于中国传统古村落的重要作用,欣赏古村建筑艺术,感受宗族文化、孝悌文化,发扬爱乡爱家、孝顺尊师的传统美德
课程目标人群	6~15岁青少年
课程亮点	(1)探寻活着的古渡 (2)从各方面感受中国古村兴亡原因
课程内容	(1)古渡——运河活化石 带学生观察渡口旁160多年的天灯,猜到它引航的功能,遥想当年古渡的繁盛。 带学生和村民一起坐渡船过江,感叹渡口仍然活着。 (2)古宅——人文底蕴深 繁荣的古渡出人才,古渡旁的半浦村曾出过50位进士。 带学生探访村内名门望族世代聚居留下的古宅,欣赏马头墙、重重天井、砖雕的门楣、花样各异的木格窗、柱子上桐油的痕迹、雕刻精美的照壁、幽静雅致的月洞门…… 带学生比较民宅和官宅的区别,总结出这些宅子是当年半浦村古渡文化、宗族文化、藏书文化、商贾文化的沉淀和结晶。 (3)三馆——乡风新灯塔 带学生来到乡风文明馆、慈孝家风馆和半朴园3处场馆组合而成的村文化礼堂。参观乡风文明馆展陈,更深刻地理解古建文化、古渡商贸文化、历代名人、宗族文化和藏书文化。在慈孝家风馆开展慈孝礼仪传统活动。在半朴园开展非遗手作活动。 (4)回望——文化礼堂和古渡天灯的遥相呼应 带学生在文化礼堂遥望古渡天灯,理解半浦村人文历史在新时代有了新的演绎,文化礼堂延续着灯塔的功能,将一束文明之光照进往来之人心里。

注:资料整理、创作于"宁波通讯"。

(五)商业建筑

1. 商业建筑资源类型及研学设计重点

①集市

集市是乡村的商业中心,参观集市可以了解当地的商贸文化和生活习俗。

②茶馆、戏台等娱乐场所

茶馆、戏台等娱乐场所是村民休闲娱乐的场所,参观这些地方可以了解当地的民俗文化和表演艺术。

③油坊、砖厂、茶厂等经营类场所

这些场所是乡村经济发展的支柱,参观可以了解当地的产业文化和技艺传承。

通过以上乡村建筑与设施的研学旅游活动,让研学旅游者亲身感受乡村建筑与设施的魅力,深入了解乡村的历史文化,培养他们热爱家乡、保护传统文化的意识。

2. 商业建筑资源点设计案例

表4-17 商业建筑资源点课程设计案例

研学资源选择	集市
课程主题	跟着背篓专线去赶场
课程目标	为孩子和生活建立起一种深厚的、紧密的联系,成为一个真正有家、有故乡、有根基的人;从熙攘往来的"交通工具"里发现城市的生命力和包容性;与菜农交流,体味生活最真实的质感和生命力;在卖菜中感悟生活的艰辛与美好。
课程目标人群	9~15岁自理能力强、不怕吃苦的青少年
课程亮点	(1)看见菜市场里生活的信号和美好 (2)看见菜市场里世界的聚散和城市的缩影
课程内容	(1)大地的信号——通过餐桌上的蔬菜认识四季 带学生深入石船镇葛口村的农田,和菜农一起,采菜、择菜、打包,认识蔬菜,沉浸式体验蔬菜从土地到餐桌的全过程。 (2)生命的顽强——通过轨道上的菜农看重庆人精神 带学生跟着菜农,早晨五点一起背着背篓出发,穿过漫长的乡村小路,去赶六点左右的最早一班轻轨"背篓专线"(重庆轨道交

续表

课程内容	通4号线），从石船站出发，在轻轨上与菜农聊天，然后可以选择到鱼嘴、观音桥、小什字、朝天门等地的菜市场实地感受……菜农的精神、状态、悲欢，值得所有人用心聆听和探寻。 (3)菜市场的生活美学——赶场的魅力 ①赶场的魅力——视觉美学 菜品怎样摆放更吸引顾客？为什么蔬菜要不断洒水？怎样布置色调色系更吸引人？ ②赶场的魅力——烟火气 带着泥土气息的蔬菜，还有那吆喝声、讨价还价声，让人世间充满烟火气。 ③赶场的魅力——人情味 菜市场，是最有人情味的地方，没有戒备心、没有疲惫，只有清晨的活力。 (4)自然的感悟——赶场，不只是赶场 菜农们是追光者，追逐着岁月的平凡与幸福，演绎着生活的艰辛与美好。学生在赶场中，切身体会生活不易，学会珍惜，明白努力学习的意义。

注：资料来源——"十二生肖少儿活动"。

二、乡村旅游商品

表4-18　乡村旅游商品资源类型表

主类	亚类	基本类型
乡村旅游商品	乡村农业产品	风味食品
		乡村特产
	乡村传统工艺与手工艺品	传统工艺
		手工艺品

(一)乡村农业产品

1. 乡村农业产品资源类型及研学设计重点

①风味食品

风味食品包括乡村地方特色小吃和绿色健康食品。我们可以结合当地食材和传统烹饪工艺,在研学旅游过程中让研学旅游者品尝或参与制作具有地域特色的美食,如农家炖、土家烧饼、杂粮包,让他们品尝或购买有机蔬菜、生态养殖的家禽家畜等绿色农产品,满足研学旅游者对健康生活的需求。

②乡村特产

乡村特产包含地理标志产品和农家自制产品。在研学旅游中,我们可以发挥当地资源优势,让研学旅游者品尝或参与获取具有当地地理标志的农副产品,如普洱茶、阳澄湖大闸蟹等,品尝并了解农家自制农副产品,如手工豆腐、土蜂蜜等。

2. 乡村农业产品资源设计案例

表4-19 乡村农业产品资源课程设计案例

研学资源选择	乡村特产研学
课程主题	寻橙记:假如,你有300亩果园……
课程目标	感受科技农业与传统农业结合的乐趣;体验采果的乐趣;培养竞争合作意识;锻炼体魄;在实践中体会"科技是第一生产力"。
课程目标人群	6~15岁青少年
课程亮点	(1)穿越式实景体验 (2)任务式研学 (3)知识、实践、趣味的完美结合
课程内容	(1)果园领主 巡视300亩智慧化果园,了解科学种植、绿色栽培。 认识果园各种高科技器材和装备,感受科技农业与传统农业相结合的魅力。 (2)营销大师 戴上手套,拿上采果剪,背上小背篓去采果区进行采摘劳动。 体验清洗、分选、打包一体化操作,进入柑橘生产线学习现代农业生产技术,进行无损分选包装。 (3)机甲勇士 实操全地形四驱遥控运输车,专门为复杂地形而定。 在果园遥控运输车,进行坡度行进比赛。 (4)科研精英 学习喷雾的时效性和重要性,掌握喷雾技能。 嫁接课堂:跟随专业的果树专家学习嫁接技术。

注:资料来源——"十二生肖少儿活动"。

(二)乡村传统工艺与手工艺品

1. 乡村传统工艺与手工艺品资源类型及研学设计重点

①传统工艺

乡村蕴含着丰富的非物质文化遗产和民间手艺。在研学旅游中,我们要挖掘当地的非物质文化遗产,如剪纸、皮影、蓝印花布等,让游客感受传统艺术的魅力。要传承民间传统手工艺,如草编、木雕、石雕等,让研学旅游者体验手工艺术的魅力。

②手工艺品

乡村到处可以看到色彩斑斓的民俗艺术品,如泥塑、糖人、风筝等,我们应该设计活动,让研学旅游者感受民间艺术的魅力。我们也可以结合当地特色和文化,开发具有创意的手工艺品,如麻布包、陶艺品、铁艺品等,让研学旅游者感受到创新的魅力。

通过深入挖掘乡村农业产品和传统工艺与手工艺品,策划丰富多彩的乡村旅游商品活动,我们可以为研学旅游者提供独特的乡村体验,促进农民增收,同时也有利于传承和弘扬乡村优秀传统文化。

2. 乡村传统工艺与手工艺品资源设计案例

表4-20 乡村传统工艺与手工艺品资源课程设计案例

研学资源选择	乡村传统工艺
课程主题	化竹子为神奇
课程目标	通过研学思考,培养勇于探究的精神;通过分组任务,培养独立思考、合作探究、解决问题的能力;通过设计、制作,提升实践创新和审美能力。
课程目标人群	6~15岁青少年
课程亮点	(1)穿越中感受竹人竹事 (2)聆听中学习民俗工艺 (3)采集中提升文学修养 (4)创造中编织瑰丽梦想
课程内容	(1)竹文化 在竹林中感受竹子特点,以及形态中展现出的中国文人美德 讨论交流:竹林七贤、竹子开花后枯萎、胸有成竹的故事

续表

课程内容	活动：竹筒传球、"板桥"画竹 (2)竹编文化 跟着竹编手艺人学习竹编艺术 讨论交流：竹编工艺品在家居布置中的应用、营销难点 活动：竹编篮子 (3)舌尖上的全竹宴 制作竹筒饭，品尝竹笋豆腐包、竹笋鸡、竹筒酒、竹蛹、竹筒蒸嫩蛋等美食，体验乡土文化

注：资料来源——"十二生肖少儿活动"。

三、乡村人文活动和非遗资源

表4-21 乡村人文活动和非遗资源类型表

主类	亚类	基本类型
乡村人文活动和非遗资源	非物质文化遗产	地方美食
		地方习俗
		传统服饰
		传统演艺
		传统医药
		传统体育赛事
	人事活动记录	地方人物
		地方事件
	岁时节令	宗教活动与庙会
		农时节日
		现代节庆

(一)非物质文化遗产

在乡村这片充满历史和文化的土地上，非物质文化遗产犹如一颗颗璀璨的明珠，熠熠生辉。

1. 非物质文化遗产资源类型及研学设计重点

①地方美食

地方美食的体验可以设计为制作传统的小吃、探寻地方特色食材的研学活动。乡村地方美食口感细腻、回味无穷,如香醇的豆浆、糯滑的糍粑等。研学旅游者可以亲手磨制豆浆、揉捏糍粑,感受食材的天然美味。可以带领研学旅游者探寻地方特色食材,如深入田野山林,采摘珍稀的山珍野味,体验收获的喜悦。

②地方习俗

地方习俗的体验可以设计为参与节庆、传承民间艺术、深入体验乡村生活的活动。带领研学旅游者参与节庆,沉浸在热闹、祥和的氛围中,跟随村民一同舞龙舞狮,感受乡村的热闹。带领研学旅游者传承民间艺术,在民间艺术家的指导下,学习剪纸、绣制等技艺,体验艺术的魅力。带领研学旅游者深入了解乡村生活习俗,领略乡村生活的宁静与美好,感受村民们的勤劳朴实,品味乡村生活的独特韵味。

③传统服饰

传统服饰的体验可以设计为试穿、创意设计、了解制作工艺的活动。让研学旅游者试穿传统服饰,感受地方民族风情。让研学旅游者创意设计服饰纹样,将古老的图案与现代审美相结合,激发无限想象力。让研学旅游者了解服饰制作工艺,学习缝纫技巧和布料选择,甚至亲手缝制一件传统服饰,感受手工艺的精湛技艺。

④传统演艺

传统演艺的体验可以设计为欣赏、学习、传承戏曲、舞蹈、说唱等民间传统演艺。让研学旅游者欣赏民间戏曲表演,感受乡村文艺的独特魅力。带领研学旅游者学习传统舞蹈,融入乡村音乐的律动。学习传承民间歌谣和曲艺表演,用声音传递情感和故事。

⑤传统医药

传统医药的体验可以设计为:带领研学旅游者了解中草药知识,在山林间采摘中草药,感受大自然的恩赐。体验传统疗法,如针灸、拔罐等,感受传统医学的魅力,缓解疲劳。聆听医药典故和民间疗法故事,领略医药文化的博大精深。

⑥传统体育赛事

传统体育赛事的体验可以设计为：带领研学旅游者参与民间体育项目比赛，体验竞技的激情与快乐，在激烈的比赛中感受团队合作的力量和竞技精神。带领研学旅游者学习传统武术表演与教学，领略中华武术的博大精深，在教练的指导下学习基本招式，提升养生、自卫的能力，培养坚韧不拔的精神。

2. 非物质文化遗产资源设计案例

表4-22　非物质文化遗产资源课程设计案例

研学资源选择	地方美食、地方习俗、传统演艺
课程主题	走进蚩尤九黎城，研读千年苗族文化
课程目标	了解独具特色的苗族文化和浓郁的苗乡风情，见证非遗魅力，提升团结协作能力，培养热爱家乡热爱祖国的意识。
课程目标人群	6～18岁青少年
课程亮点	(1)一梦千年的民族体验 (2)丰富多彩的苗族文化 (3)视觉上的绝美盛宴 (4)味觉上的满足
课程内容	(1)苗族拦门酒 体验苗族人欢迎宾客的最高礼节。 (2)解密苗文化 研学导师讲解、与同学们讨论沟通：涿鹿之战，炎黄部落如何打败蚩尤部落？战败后的蚩尤九黎后裔如何重新建立起"苗王国"？蚩尤的儿媳娇阿依如何舍生取义，挽救族人于水火？ (3)踩花山、竹竿舞 体验源于苗族人民劳动生产的舞蹈——踩花山、竹竿舞。 (4)长桌宴 体验长桌宴——苗族宴席的最高形式与隆重礼仪。 品尝火棘果汁、鞍子酥食、张赶酒牛肉干等彭水非遗美食。 (5)体验非遗技艺 扎染、古法拓印、苗绣、剪纸、银饰锻制等。 参观体验苗绣技艺——单色绣和彩色绣。 参观学习银饰锻制——花鸟图案等纹饰，有福禄寿喜、吉祥如意的寓意。

注：资料整理于"重庆研学旅行中心"微信公众号。

(二)人事活动记录

1. 人事活动记录资源类型及研学设计重点

①地方人物

地方人物的研学可以设计为：访谈地方名人,聆听他们的成长故事和人生经验,从他们的成功中汲取智慧和力量,为个人成长提供借鉴和启示。展示乡村工匠技艺,感受手工艺人的匠心独运。观看他们制作手工艺品的过程,领略精湛技艺和无限创意。讲述人物故事,传承优秀品质和精神风貌。通过故事会等形式,了解历史人物和当代英模的事迹,激发崇高精神追求和社会责任感。

②地方事件

地方事件的研学可以设计为：探寻历史事件遗迹,了解乡村发展脉络。参观历史古迹、遗址等,感受历史的厚重和沧桑感。记录乡村发展变迁过程,见证时代的进步与变革。通过影像资料和文字记录等方式,保存珍贵的历史记忆和文化传承。拍摄当代乡村故事,展现新时代乡村风貌和发展成果。通过纪录片、微电影等形式记录乡村生活、人物故事等具有时代意义的内容。

2. 人事活动记录资源设计案例

表4-23 人事活动记录资源课程设计案例

研学资源选择	地方人物和事件
课程主题	铜鼓山上花椒红
课程目标	来到烈士故乡,让孩子沉浸式感受爱的力量;聆听红色故事,让孩子学会坚强、拼搏与付出;观看红色情景剧,让孩子克服恐惧,在人生的舞台上发亮发光。
课程目标人群	6~15岁青少年
课程亮点	(1)以英雄之名,根植信仰的种子 (2)红色教育与演艺的结合
课程内容	课程实施背景： 1950年初,荣昌解放。但潜伏的匪帮猖獗,人民生活困苦。以刘骥连长为代表的解放军战士拼尽全力消灭了铜鼓山上的匪帮,而他们也牺牲于此。过去,解放军战士们为刘骥村撒下了

续表

课程内容	红色的种子;今天,刘骥村村民用"花椒"让刘骥村继续绽放荣耀。 (1)英烈园扫墓,追寻红色足迹 聆听刘骥连长的故事。 思考为什么英烈园的阶梯为99步? 讨论还有哪些地方名称的由来和"刘骥村"相似,并讲讲它们的故事。 (2)智取铜鼓山 分析匪帮曾经占领的铜鼓山防守的地理优势。 思考攻克铜鼓山的方式。 游戏:分组扮演解放军战士和匪帮,通过小组思考,完成智取铜鼓山的情景模拟。 (3)铜鼓山上花椒红情景剧排演 情景剧排演将还原场景,由专业团队组织排演。 通过演绎刘骥连长解放铜锣山的故事,让同学们更加了解革命的残酷和先烈们的艰辛,心怀感恩。

注:资料整理于"铜锣山研学小镇"。

(三)岁时节令

1. 岁时节令资源类型及研学设计重点

①宗教活动与庙会

很多乡村都有宗教仪式和庙会活动,通常是在节日期间开展。为此,我们可以策划以下研学活动:在春节、端午、中秋等重要节日期间,组织宗教文化展览、讲座等活动,让研学旅游者了解宗教文化与节令习俗的渊源。带研学旅游者参观各类庙会,欣赏传统手工艺品、民间艺术品,品尝特色美食,观看文艺表演、参与民俗活动等,让研学旅游者感受传统文化的魅力。

②农时节日

农时节日是农耕文化的载体,反映了人与自然的和谐共生。我们可以这样来策划研学活动:二十四节气体验——根据不同的节气,策划相应的农事活动和民俗表演,让研学旅游者亲身体验节气的变化和农耕文化的魅力。例如,在春耕时节,组织农耕体验活动,让研学旅游者了解农耕工具的使用、农作物的种植等；在秋收时节，举办丰收庆典，展示劳动成果和丰收的喜悦。

③现代节庆

在乡村现代节庆活动中，我们可以融入传统农耕文化元素，打造具有时代特色的节庆活动。我们可以这样带领研学旅游者体验现代节庆：乡村音乐节——邀请当地民间艺人表演传统音乐和舞蹈，展示乡村音乐的魅力；同时可以设置乡村音乐体验区，让游客尝试演奏简单的乐器，感受音乐的乐趣。乡村美食节——组织乡村美食大赛和展览，让研学旅游者品尝地道的乡村美食；同时推广乡村特色农产品，可以通过现场烹饪教学、食材溯源等方式，让研学旅游者了解乡村美食的制作工艺和食材来源。乡村文化创意市集——邀请当地手工艺人和文创设计师展示和销售原创手工艺品和文创产品，提升乡村文化产业的附加值；同时可以组织创意手作体验活动，让研学旅游者亲自动手，感受农耕文化的创意魅力。

2. 岁时节令资源设计案例

表4-24 岁时节令资源课程设计案例

研学资源选择	农时节令
课程主题	冬至的果实
课程目标	增强传统文化认知，增长学生对中华文化的深入理解和探索；弘扬农耕劳动精神，强化学生人文素养和劳动责任感；呈现自然界中丰富、绚烂、有趣、温暖的冬天，培养学生对大自然的热爱。
课程目标人群	5～12岁青少年家庭
课程亮点	(1)溯源节气文化，传统农耕文化 (2)劳心劳力，亦知亦行
课程内容	(1)萝卜选美大赛 选出最好吃的萝卜。 和家人一起体验丰收的喜悦和城市中体验不到的乡间野趣，了解植物生长所依赖的自然条件。 (2)果实大冒险 亲口品尝各种颜色的果实。 发现自然之美，学习博物知识，掌握野外生存本领。

续表

课程内容	(3)冬至花环创作 捡拾花果,和家人一起制作冬至花环——一份"硕果累累"的手工礼物,许下美好的新年祝愿。

注:资料整理于"自然介"。

第五章
乡村研学市场营销管理

- 乡村研学市场营销概述
- 乡村研学市场定位
- 乡村研学营销组合策略
- 创意赋能乡村研学市场营销

市场营销管理对乡村研学旅游的发展意义重大,不仅影响研学企业的生存与发展,也会影响消费者行为模式和市场的竞争格局。对市场营销管理的研究和应用,有利于理解乡村研学市场的消费需求和竞争变化,从而进一步优化研学产品、创新营销策略,推动乡村研学旅游的健康、持续发展,助力乡村全面振兴。

第一节 乡村研学市场营销概述

一、市场营销

认识市场营销的基础是对市场的理解。

什么是市场？市场是某种产品或劳务的现实购买者与潜在购买者需求的总和,由人口、购买力与购买欲望三个要素构成。人口是构成市场的基本要素,人口越多,现实和潜在的消费者需求就越大;在人口基数相对既定的条件下,购买力是决定市场容量的重要因素之一,市场的大小取决于购买力的高低;购买欲望,即需求,是消费者将潜在购买力转变为现实购买力的驱动力。要注意的是,三要素之间是互相统一和互相制约的,重点要厘清需要、欲望和需求的区别:需要,是指没有得到某些基本满足的感受状态,它是人类与生俱来的,是人们感受到的一种匮乏状态,如饿是对食物的匮乏,困是对睡眠的匮乏等;欲望,是指希望得到某种基本需要的具体满足物的愿望,这是人们对具体事物的渴望,受到文化和个性的影响,如南北方人对食物的需要不同,因而需要研究消费者的偏好;需求,是指人们有能力并且愿意购买某个具体产品的欲望,它是建立在购买力基础上的欲望。因为购买力的限制,消费者的需要和欲望在不同状况下是会变化的,所以,营销时要关注愿意并有实力购买的消费群体。

什么是市场营销？市场营销不等同于销售，市场营销是以顾客（顾客需求）为全过程的起点和终点。市场营销的概念可以追溯到20世纪初，由美国市场营销学家菲利普·科特勒提出并系统阐述。市场营销是以顾客需求为导向，通过理解顾客的需求和期望，设计出能够满足这些需求的产品和服务，并通过适当的渠道，以合适的方式，向顾客传递和推广这些产品和服务，从而实现企业与顾客的双赢。

根据处理企业、顾客和社会三者利益关系所持态度、思想和观念的不同，支配企业营销活动的市场营销观念经历了五个阶段的演变过程。

第一个阶段是生产观念。这种观念主要产生于20世纪20年代以前，认为消费者喜欢随处可买且价格便宜的产品，主要表现为企业的一切经营活动以生产为中心，围绕生产来安排一切业务，生产什么产品就销售什么产品。企业主要致力于提高生产效率，扩大生产规模，降低生产成本，从而拓展市场，是一种重生产、轻市场的观念。

第二个阶段是产品观念。这是一种与生产观念并存的市场营销观念，这种观念认为消费者喜欢那些质量更高、性能更好的产品，主要表现为企业进行"想当然"的生产，不进行深入的市场调研，只顾提高产品质量、不断开发新产品。

第三个阶段是推销观念。这种观念认为只要企业努力推销什么产品，消费者或用户就会更多地购买什么产品，主要表现为大量运用推销术和广告术等手段，刺激诱导消费者产生购买行为，但并不提供售前和售后服务。

第四个阶段是市场营销观念。这种观念追求双赢，以顾客为中心，按需生产和销售，在产品售出后，还要了解顾客意见，不断改进产品生产和经营；同时还要为顾客提供各种售后服务，获取顾客的信任和自己的长远利益，如收集消费者的意见，及时处理投诉等。比较典型的是关系营销，即在营销活动中主动识别、建立、维护和巩固企业与顾客及其利益相关者的关系，树立CS（顾客满意）理念，实现顾客让渡价值最大化。

第五个阶段是社会市场营销观念。这种观念注重多赢，即企业的生产经营，不仅要满足消费者的需要和欲望，而且要符合消费者自身和社会的长远利益，要正确处理消费者需求、消费者利益、企业利益和社会长远利益之间矛盾。

它增加了两个考虑因素,一个是消费者的潜在需求,即不仅要考虑消费者已存在的欲望,同时要兼顾他们的需求和利益。另一个是社会和个人的长远利益,如是否有利于消费者的身心健康,是否有利于社会的发展和进步,是否可防止资源浪费和环境污染等。比较典型的是绿色营销,指企业以可持续发展理论为指导的,以全球的社会、经济、人口、资源、环境协调发展为基础的,以既能相对满足当代需求,又不对后代发展构成危害并为其发展创造优良条件为宗旨的市场营销活动。

二、市场营销理论

(一)4Ps营销理论

1960年,美国市场营销专家麦卡锡教授在人们营销实践的基础上,提出了著名的4Ps营销策略组合理论,即产品(Product)、定价(Price)、渠道(Place)、促销(或推广)(Promotion)。4Ps是营销策略组合通俗经典的简称,奠定了营销策略组合在市场营销理论中的重要地位,它为企业实现营销目标提供了最优手段,即最佳综合性营销活动,也称整体市场营销。产品策略是注重开发的功能,要求产品有独特的卖点,把产品的功能诉求放在第一位;价格策略是根据不同的市场定位,制定不同的价格策略,产品的定价依据是企业的品牌战略,注重品牌的含金量;渠道策略是指企业并不总是直接面对消费者,而是注重经销商的培育和销售网络的建立,企业与消费者的联系是通过直接销售和分销商来进行的;促销(或推广)是指包括品牌宣传、广告、公关等一系列的营销行为。

(二)4Cs营销理论

4Cs营销理论,也称"4C营销理论",是由美国营销专家罗伯特·劳特朋教授在1990年提出的。该理论强调企业应该把追求消费者满意放在第一位,其次是努力降低消费者的购买成本,然后要充分注意到消费者购买过程中的便利性,而不是从企业的角度来决定销售渠道策略,最后还应以消费者为中心实施有效的营销沟通。

4Cs营销理论包括以下四个方面内容。

第一,顾客的需求。企业首先深入洞察并理解顾客的真实需求与期望,而不是先考虑企业能生产什么产品。企业要以顾客需求为核心,不仅提供产品与服务,更重要的是由此产生的客户价值。

第二,顾客愿意支付的成本。企业需逆向思考,从顾客视角评估其为满足需求所愿支付的代价。成本不单是企业的生产成本,或者价格,还包括顾客的总体拥有成本,包括购买过程的心理与经济负担。合理的定价应该是既低于顾客的心理价格,亦能够让企业有所盈利。

第三,顾客的便利性。企业在设计产品与分销策略时,应考虑到如何方便顾客购买和使用,包括简化购买流程、提升使用体验以及确保产品在任何场景下都能轻松获取等。要更多地考虑顾客的方便,而不是企业的方便。

第四,与顾客的沟通。企业要强调以顾客为中心,通过积极互动与有效沟通,构建企业与顾客之间更加紧密、透明的联系,把顾客和企业双方的利益无形地整合在一起。

(三)STP营销理论

美国营销学家菲利浦·科特勒在前人基础上形成了包括市场细分(Segmentation)、目标市场(Targeting)和市场定位(Positioning)的STP理论。

首先,进行市场细分。市场细分是指企业通过市场调研,根据顾客对某一产品或服务的多样化需求、购买偏好及行为模式等,将该产品的整体市场划分成多个具有特定需求特征的子市场。顾客的需求差异性是市场细分的基础,企业必须对市场进行分类,把购买欲望和兴趣大致相同的消费者群归为一类,构建细分市场。

其次,选择目标市场。市场细分是企业选择目标市场的依据,选择正确的目标市场,直接关系到企业业务定位、产品策略、市场层次以及销售策略的制定,其正确性对企业的兴衰成败具有决定性影响。目标市场是指企业决定要进入的一个或几个细分市场,一般可以灵活采用无差异、差异化或集中化等市场策略,以适应不同的市场环境和竞争态势。

最后，进行市场定位。市场定位是美国学者阿尔·赖斯在20世纪70年代引入营销领域的概念，是指企业在分析目标市场上同类产品竞争状况后，要准确把握顾客对产品关键特性或属性的重视度，进而打造具有鲜明个性和独特亮点的市场形象，并赢得顾客认同。市场定位的实质是使本企业与其他企业严格区分开来，提升辨识度。为实现这一目标，企业可选择避强定位、迎头定位或重新定位等策略，灵活应对市场动态变化。

三、乡村研学市场营销

（一）认识乡村研学市场营销

乡村研学市场营销属于旅游市场营销范畴，是指以研学旅游需求者为服务对象，通过分析、计划、执行、控制研学旅游活动的全流程，满足研学旅游需求，发展乡村研学市场，以实现企业、消费者和社会三方共赢的目标，进而持续推进乡村旅游高质量发展。

要实现企业、消费者和社会三方共赢的目标，则要协调处理好经济效益、社会效益和环境效益的关系，因此，研学企业在进行市场营销时必须坚持社会市场营销观念。同时，乡村研学产品本身所具有的乡村性、教育性、生态性等属性，决定了研学企业完全可以坚持社会市场营销观念，推进乡村研学绿色营销。

乡村研学绿色营销是乡村研学市场营销与乡村生态保护的有机融合，践行绿色发展理念，坚持创新、协调、绿色、开放、共享。

第一，绿色营销可以保障研学企业及行业的经济效益。绿色营销将绿色理念注入乡村研学旅游产品和服务，一方面可以通过研学旅游者的体验和消费实现企业的经济效益，另一方面能够保证乡村资源的可持续利用，从而保障研学旅游行业的长期经济效益。

第二，绿色营销可以获取消费者充分的信任。大众旅游时代，消费者重视旅游体验，关注绿色环保。乡村研学绿色营销，更能增强消费者的旅游消费意愿，如研学课程普及环保技能、餐饮推广绿色食品、点餐提供打包服务、民宿设计采用绿色建筑材料、客房坚持环保要求等，能够充分获取消费者的信任。

第三，绿色营销可以实现生态和社会效益的可持续发展。乡村研学的教育旅游活动，具有推动绿色营销的天然优势，乡村研学绿色营销，是传播生态环保理念的重要手段，是保证生态效益和社会效益的有效手段，能够促进乡村生态和社会效益的可持续发展。

（二）了解乡村研学市场营销管理现状

乡村研学是在农村地区开展的教育旅游活动，作为"农文旅"产业融合的探索与实践，乡村研学能吸引游客和学生走进乡村，促进乡村经济发展，更好地利用和传承乡村文化和教育资源。

近年来，乡村研学市场在国家和地方的政策、资金等扶持下发展迅速，蕴藏着巨大潜力，仅从中小学校体验式教学活动的研学市场来看，整体需求量较大，规模增长速度较快。一方面，教育部要求中小学校每年开展一次研学旅游活动，我国目前有超过1.5亿的中小学在校生人数；另一方面，中小学生研学旅游人数从2014年的140万人次增长到2022年超过600万人次，增长速度惊人。根据中国旅游研究院调查，有70%的人期望6~10天的研学旅游，有88%的人愿意在研学旅游产品上花费3 000~10 000元。根据统计数据显示，到2023年，中国研学旅游市场规模较2017年增长近1.5倍，到2026年，市场规模有望将达2 422亿元。另外，研学企业数量也日益增多，在政策和市场的影响下，越来越多的旅游公司甚至其他行业的公司加入到了研学旅游队伍，由此形成了专门的研学旅游产业。天眼查数据显示，2019年全国约有5 590家"研习营""夏令营"的相关企业，其中2019年新增注册企业数量达到1 540余家，增速高达60.8%。

乡村研学市场在快速增长的过程中，要始终坚持社会市场营销观念的发展理念，协调统一经济、社会和环境效益，也面临着多方面的挑战和需要解决的问题。

1. 乡村研学产品良莠不齐

研学产品没有体现教育功能和体验属性，现有的乡村研学产品往往缺乏教育性和趣味性，乡村研学经常出现"游而不学""只学不游""交了许多乡村研学的学费,却学不到东西,也玩得不尽兴"等现象。究其根本,最主要是大量迅速进入市场的研学企业缺乏专业性和责任感,重盈利轻教育,没有在员工培训、市场调研等方面加大投入,导致产品设计缺乏农业知识、乡村文化等内容的融入和体验,供需信息缺乏对接,大大降低了研学效果,乡村研学流于形式。

2. 乡村研学产品同质化严重,缺乏在地文化特色

由于乡村研学信息的资源交流不畅通,一些乡村研学从业者获取信息比较滞后,容易盲目跟从他人,导致乡村研学产品同质化严重。主要表现为乡村研学安排内容拼凑痕迹严重,线路安排单调、不合理;开发模式单一,乡村研学的课程设计缺乏创新,不断模仿比较热门的课程模式;特色研学活动形式和活动不够丰富,多以参观为主,体验活动较少;乡村研学产品仅仅将学习的内容简单地融入旅行之中,没有明确的教学目标和严密的教学体系,内部教育逻辑混乱,做不到循序渐进,导致研学教育浮于表面,内涵不足。缺乏文化特色也是当前国内乡村研学市场的突出问题。众多乡村研学项目在产品开发中,过分注重体验农村的自然资源,忽视了农村传统的特色文化与民俗资源,无法有效利用地域文化资源形成特色,设计的项目存在缺乏体现我国数千年的传统文化、乡村节庆、农作方式和生活习惯等问题,与乡村研学的初衷背道而驰。

3. 乡村研学课程体系及教学方式有待完善

课程化是研学旅游产品区别于其他细分旅游市场和产品的关键特征。乡村研学旅游是将乡村特色贯穿其中,应当注重课程体系构建,明确学习目标,做到"学"大于"游"。但是目前乡村研学旅游市场存在课程体系化不足、类型单一、缺乏特色、内容浅薄等问题。在田间研学活动的实践中,当前仍主要聚焦于"农作物收获"环节作为核心体验内容,忽视了为参与者提供贯穿作物生长全周期的"深度沉浸式"学习经历。以水稻教学为例,大多数研学活动往往仅设置了插秧与收割这两项较为孤立的课程,而水稻从播种至成熟的完整生命周期中,缺乏连贯性、系统性的教育课程安排。更有甚者,为了应对高频率的学生接待需求,还有企业或基地采取了权宜之计,即在学生完成插秧体验后迅速雇佣人工将秧苗移除,以确保场地能够迅速恢复,便于次日迎接新的研学团队,这种做法无疑削弱了研学活动的教育意义与真实体验价值。研学旅游

强调通过探究式方法展开,但在实践中,受到团队规模、导师能力等因素影响,乡村研学旅游开展中,以讲授式教学来指导学生完成活动过程的情况屡见不鲜,使得学生只知其然不知其所以然,未能够有效激发学生兴趣,效果大打折扣。

4. 乡村研学营销渠道的选择和利用不当

在数字化时代背景下,线上营销已成为重要的销售渠道。然而,一些乡村地区的研学旅游推广仍然依赖于传统的广告宣传和线下活动,忽视了线上平台的力量。这不仅限制了信息传播的范围,也减少了潜在消费者的接触机会,从而影响销售额的提升。

5. 乡村研学的品牌建设方面存在短板

品牌建设不仅仅是提升产品知名度,更是一种品质和服务的象征。乡村研学需要打造独特的地域文化符号,构建企业品牌,增强乡村旅游软实力。但目前乡村研学发展处于起步阶段,在品牌建设上投入不足,缺乏统一的品牌形象、品牌故事和品牌活动,顾客对乡村研学的认知度和品牌忠诚度较低。同时,乡村研学营销活动仍局限在政府部门,存在盲目性、趋同性、随意性以及营销经费欠缺等问题,对营销效果评估和营销优化方式的研究还不够深入。

6. 乡村研学的宣传推广力度不够

由于宣传手段和渠道的限制,许多优质的乡村研学旅游资源未能得到有效的推广,导致潜在的教育资源和旅游资源未能有效结合。建议利用新媒体、网络平台等现代传播手段,加大对乡村研学旅游的宣传力度,提高其知名度和吸引力。

7. 乡村研学营销策略尚未完全成熟

与传统旅游市场相比,研学旅游作为一个细分市场,其消费者需求更为特殊和多样化。然而,许多乡村地区在进行市场定位和产品设计时,往往忽视了目标消费者的具体需求,导致产品与市场之间存在不匹配情况。例如,针对学生群体的教育性和安全性需求没有得到足够重视,这可能会影响消费者的选择,进而影响销售额。

第二节
乡村研学市场定位

一、识别乡村研学的目标市场

（一）根据研学旅游者的需求差异进行市场细分

市场细分是研学企业进行市场定位和产品开发的重要工具，也是制定有效营销策略的基础，有利于企业更好地把握市场机遇，提升市场竞争力。

乡村研学旅游者，即乡村研学主体，是指参与乡村研学旅游活动的所有旅游者，包括不同性别、年龄、职业、收入等的个体或群体。不同的客群，需求不同。根据研学旅游源于集体教育实践活动，可以将市场细分为中小学生群体为主的基本市场和全龄段旅游者为辅的拓展市场。基本市场可以根据不同的教育阶段再进一步划分若干子市场，拓展市场则可以根据年龄、收入、目的地偏好、教育偏好等多种因素进一步细分出子市场。本书在第一章的乡村研学主体内容中，根据教育动机的强弱将市场细分为"教育优先""旅游优先""教育和旅游均重要"和"教育和旅游均不重要"四种类型，每种类型下还可以进一步划分出若干子市场。

市场细分能够帮助研学企业深入理解不同消费者群体的需求和期望，有助于识别潜在的目标客户群，以便于提供更加个性化的服务，从而提高客户满意度和市场竞争力。如学生群体、家庭旅游者、老年旅游者等，并为他们设计专门的旅游产品和服务。例如，针对学生群体，可以设计包含教育元素的旅游活动，如生态保护工作坊、传统手工艺体验等；针对亲子游群体，可以提供包括儿童友好设施和活动的乡村住宿和旅游套餐。

(二)根据市场的可行性与盈利性选择目标市场

目标市场的选择是一个复杂且多维度的决策过程,需要综合考虑乡村旅游资源特性、目标客户特性、市场需求、竞争环境以及外部条件等因素。通过科学的市场分析和策略规划,才能有效选择适合自己的目标市场,实现乡村研学产品的成功开发与推广。

首先,目标市场的选择必须基于对乡村旅游资源的深入理解。乡村旅游资源的种类繁多,包括但不限于自然风光、历史文化、农事体验、生态教育等。因此,在确定目标市场时,需要分析自己的资源优势,挖掘在地特色,如是否拥有独特的自然风光、是否具有传统文化的独特性、是否具有可提供的特色农事活动等。这些资源特性将直接影响潜在市场的兴趣和需求。

其次,目标市场的选择需要考虑目标客户的特性。主要包括客户的年龄、教育背景、旅游偏好、消费能力等。例如,针对学生群体的研学旅游,可能需要考虑安全性、教育意义、活动的趣味性等因素;而针对成人则可能更注重旅游的舒适度、便利性和知识性。

再次,目标市场选择还应关注市场的需求量和市场的成长性。通过市场调研,收集潜在客户的相关数据,如相似产品或服务的市场表现、目标客户的出游率、消费意愿等,以评估市场的容量和成长潜力。

最后,需要进行竞争分析。了解同类产品或服务在目标市场的竞争现状,包括竞争者的数量、市场份额、产品差异化程度等,以确保自身的竞争优势。另外,地理位置、交通条件、基础设施等外部因素分析,也是目标市场选择需要考量的内容,这些因素直接影响研学产品的可进入性、游客的逗留体验和成本控制。

二、描绘乡村研学市场的客群画像

乡村研学市场营销策略研究中,目标客户群体分析是至关重要的一环。目标客户群体的准确定位,有助于乡村研学目的地或项目开发者设计更具吸引力的乡村研学产品和营销策略,从而有效促进研学体验的提升和市场的拓展。

首先,目标客户群体分析需要从游客的年龄、性别、教育水平、收入水平、旅游偏好等多个维度进行综合考量。例如,研学旅游的客户群体通常包括学生群体,他们在学校教育之外寻求额外的学习体验和休闲活动。这要求乡村旅游目的地提供的产品和服务必须能够满足他们的学习目标和娱乐需求。

其次,目标客户群体分析还需要关注游客的旅游动机和行为特征。研学旅游的客户往往是以学习为目的,他们可能对历史、自然、农业等领域的知识具有较高的兴趣。因此,乡村研学产品的设计应当围绕这些兴趣点,设计相关的教育和体验活动,如农业实践、自然观察、历史文化体验等。

最后,目标客户群体分析还应包括对客群决策过程的研究,包括信息搜索、评估选择、购买行为等。开发者需要通过市场调研等手段,收集游客的反馈信息,不断优化产品和服务,以提高客群的满意度和忠诚度。

可见,目标客户群体分析是乡村研学旅游体验与营销策略研究中的核心环节,它要求开发者对目标市场有深入的理解和分析,以便设计出能够满足特定客户群体需求的旅游产品和营销策略,从而促进乡村旅游的可持续发展。

三、开展乡村研学的市场调研与分析

在乡村研学的营销策略与实践中,市场调研与分析是一个关键步骤,它为后续的产品开发、营销策略制定和实施提供基础数据和理论支持。

(一)市场调研和分析的概念

市场调研就是通过系统地收集、记录、整理、分析与报告与相对应的市场、产品或者服务有关的市场营销信息,辨别各类问题与机会,提出和评价各种可能的营销活动方案,帮助决策者更好地制定管理决策的活动。简而言之,就是通过一系列规范化、标准化的活动来帮助决策的过程。市场调研主要收集和分析市场上对乡村研学产品的需求信息,包括对目标市场的消费者特征、偏好、消费能力和消费行为等内容的深入了解。调研方法可以采用问卷调查、深度访谈、焦点小组讨论等多种方式进行,以确保获取的信息全面且具有代表性。市场分析则是在收集数据的基础上,对数据进行整理、分析和解释,以发现市场潜在的需求及其变化趋势,包括对消费者需求的细分,识别不同细分市场的需求特点,以及对需求强度和需求的可持续性进行评估。通过市场调研与分析,营销策划者可以更准确地把握市场动态,设计出符合市场需求的乡村研学产品,并制定出有效的营销策略,以提高市场竞争力和实现可持续发展。

(二)不同类型的市场调研

根据研学企业直接面向的市场不同,可以分为面向B端和C端的市场调研,即面向渠道或学校和面向旅游消费者的市场调研。

针对B端市场的营销调研工作,涵盖了渠道端与学校两大关键领域。研学业务的主要运营者,如营地、基地及旅行社等,其客户基础广泛,涵盖B端直接客户、学校及多种渠道伙伴。这里的渠道合作方包括旅行社、教育培训机构、媒体传播平台以及社群运营组织等。尽管当前许多营地与基地已具备直接对接学校获取研学生源或利用自有媒体渠道招生的能力,但渠道作为批量获客的有效途径,其重要性仍不容忽视。尤其在多数省市,政府政策倾向于支持旅行社承接研学旅游项目,且研学市场呈现出显著的区域化特征,跨区销售面临挑战。同时,因为中小学生是研学旅游的核心客群,针对学校的市场营销调研尤为关键,此类调研旨在深入理解学校对研学产品的具体需求,并收集来自学校各方的反馈意见。调研对象全面覆盖了学校管理层、教师团队、学生及家长,确保信息的多维度与全面性。在调研方法上,采取灵活多样的策略,如对学校管理者的深度访谈,以深入了解其决策考量与期望;而对教师、学生及家长的调研,则更多采用问卷调查形式,便于广泛收集数据并快速分析反馈。

C端市场,亦称为散客市场,是泛研学及营地教育行业中比较难攻破的市场。在此市场中,明确且独特的产品定位、结合丰富多彩的内容设计,是吸引并留住C端客户的核心竞争力。尤为重要的是,客户间的正面口碑传播是这一市场获取新客户的重要驱动力。因此,针对C端市场的调研策略通常采取双轨并行的方式:一方面,在产品体验前通过问卷调查预先了解顾客期望与偏好;另一方面,在产品体验完成后实施满意度调研,以收集反馈并评估效果。在制订问卷的过程中,要充分考虑到研学旅游市场中产品使用者与付费者之间的差异,问卷的内容设计要充分考虑两类不同主体的独立反馈,以便回收更多有效信息。至于问卷的发放时机与地点选择，鉴于C端市场的特点，调研工作往往聚焦于节假日期间，此时家庭亲子活动频繁；调研地点则倾向于图书馆、博物馆、少年宫等家庭活动集中的公共场所；若研学企业或机构拥有自己的营地或者体验空间，这些地点无疑成为了实施C端市场调研的理想场所，能够直接触达目标客户群体，提高调研效率与准确性。

四、进行乡村研学的市场定位

(一)乡村研学市场定位的注意事项

定位的核心目的在于帮助企业找到产品或服务的市场定位，即找到产品的市场定位点，使产品或服务与目标市场的消费者需求、价值观念和购买行为相匹配，从而在市场中形成差异化优势。

首先，乡村研学的市场定位要在产品上突出在地化的乡村特色和时代特色。在研学活动中安排具有地方特色的农事体验、乡村手工艺制作等体验活动，邀请当地农民参与课程设计与实践指导，并引入科技元素、互动游戏等新颖元素，不仅增强参与性、新颖性和体验性，还能凸显产品的独特性。

其次，乡村研学的市场定位要注重可持续性。乡村研学市场的发展不能脱离当地的自然资源和文化资源的承载能力，在设计和开发系列产品、提供研学服务时，要坚持生态环保原则，避免对当地生态环境造成破坏，同时要保护和传承当地的文化特色。

最后，乡村研学的市场定位还应考虑营销策略的配合。乡村研学市场不仅要有差异化的特色产品和服务，合理的定价以及畅通的渠道，还需要有效的宣传推广，如网络营销、社交媒体营销、事件营销、口碑营销等，形成协同配合的营销组合策略，将产品的特色和优势传达给潜在的目标游客，以吸引他们的注意并促进购买决策。

(二)基于客群游程的研学市场定位方法

根据研学旅游客群选择的游程远近，针对不同区域范围，市场定位可以分为市内、省内和省外市场定位(直辖市分为区内、市内和市外市场定位),通过客群的需求差异,寻找不同市场的竞争优势。

第一,市内的乡村研学市场定位。以乡村研学目的地资源为基础,着重于深度开发乡村研学基地(营地)产品内容,研发符合中小学研学实践教育要求的体系化课程,或者符合学前儿童、低龄学生特点的亲子研学课程,形成满足特定客群不同需求的研学产品,打造乡村目的地在某类主题领域的核心竞争力。

第二,省内的乡村研学市场定位。选择接待能力强的乡村目的地,着重于开发国家级或省级研学基地(营地),研发适合不同类别客群的研学课程和活动,以满足学校组织不同年龄段学生进行研学的需求,或者散客到访进行不同需求的产品选择,在满足多元化市场需求方面形成核心竞争力。

第三,省外的乡村研学市场定位。选择与本地资源差异大的乡村目的地,着重于产品内容建设,以差异化、特色化、强场景、强体验以及高质量等为显著特点,特色资源就是核心竞争力。例如,针对初中毕业生的昆明红河6日研学,打造以"探访千年古城,探索云上梯田农耕文化,在太平湖森林小镇感知东方建筑美学"为特色的课程和活动,对云南省外的客群有较强吸引力。

第三节
乡村研学营销组合策略

面对当前乡村研学市场营销管理的种种问题,在坚持经济、社会和生态效益有机统一的社会市场营销观念基础上,需要进一步研究市场营销理论,创新营销策略。营销策略在乡村研学旅游领域的应用是多方面的,包括但不限于渠道选择、品牌建设、消费者参与等。通过有效的营销策略,可以有效提高乡村研学旅游的品牌知名度,吸引更多的消费者,从而推动乡村研学旅游的发展,实现可持续发展。沿袭传统的营销组合策略分析,乡村研学营销组合以4Ps营销理论为基础,研究产品、定价、渠道和推广四个方面的内容及组合策略。

一、产品策略:开发设计并提供多样化的乡村研学产品

乡村研学产品策略是营销组合策略的关键环节,核心在于产品开发设计,旨在吸引目标市场并提升游客体验。乡村研学旅游产品是以乡村自然和文化资源为对象,打造集课程、基地(营地)或景区(博物馆)、线路、指导师以及配套服务于一体的综合服务体系,是旅游产品与教育产品的有机结合,它与传统旅游产品、普通教育产品有明显差异,既要具备传统旅游产品的"吃住行"保障要素,突出旅游活动的体验性,更要具有教育活动的目标、手段和效果。

(一)乡村研学产品开发设计需要处理的几组关系

在开发设计、提供多样化的乡村研学产品方面,要结合市场发展趋势,注重挖掘乡村目的地的独特资源,充分考虑产品的教育功能和旅游体验,创造出

能够吸引目标客群的产品组合,需要处理好以下几组关系。

第一,产品的开发设计要处理好"教育与旅游"的关系。乡村研学是以乡村地域为社会大课堂的教育旅游活动,核心是研学,即探究性学习,旅游是形式和载体,内容上要体现"教育+"产品特点,要把教育属性放在首位,否则就成了一般意义上的乡村旅游。乡村地区通常具备远离都市的自然环境,这让设计户外教育活动具有天然优势。产品可以充分利用旅游体验的丰富性,实现教育功能和价值。例如,组织自然科学考察、农业实践体验以及基于地方特产的手工艺制作等,这些活动既能丰富研学旅游者的学习经历,又能提升其对乡村地区的认知和兴趣。

第二,产品开发设计要处理好"主题与资源"的关系。研学产品由课程、线路等要素构成,需要以主题化思路打造产品体系。乡村地区有丰富的自然和文化资源,在做资源调查时,在肯定资源多样化时,往往也会苦恼于筛选过程。这就需要将研学企业的运营战略目标、市场定位情况、当地文旅发展战略等与乡村资源结合起来考虑。例如,主要定位为市内研学市场的乡村地区或企业,重点要以乡土乡情为内容,可以当地历史为主题,让研学旅游者通过访问历史遗迹、与非物质文化遗产的传承人互动来学习历史和文化。企业想要拓展自然生态教育市场客群,则可以设计与自然生态相关的主题,如生态保护工作坊,让学生参与实际的环境保护活动,增强其对可持续发展的认识。

第三,产品开发设计要处理好"需求偏好与学习目标"的关系。需求偏好是学习目标设定的基础,但在转化过程中容易出现偏差。以主要市场的中学生为例,中学生对研学产品的需求偏好倾向主要有活动的趣味性,家长主要关心安全问题,学校则对教育价值和安全管理更重视。如何以不同类型的学习目标为牵引,如科学教育、历史文化教育、社会实践等,通过设计相应的课程内容和活动,确保产品能够全面地服务于教育的多方面需求,这是开发设计者要重点关注的内容。

第四,产品开发设计要处理好"成本效益和可持续性发展"的关系。乡村研学产品的开发设计应兼顾成本控制和长期的市场竞争力,避免过度开发导致的资源枯竭和环境污染。通过与当地教育机构、企业和社区合作,可以在降低成本的同时,提高项目的社会价值和教育意义。

综上所述,开发设计并提供多样化的乡村研学产品是一项综合性的工作,需要处理好"教育与旅游""主题与资源""需求偏好与学习目标""成本效益和可持续性发展"等多组关系,平衡好乡村文化的保护、教育目标的实现、市场需求的满足以及产品的可持续性的关系。

(二)乡村研学产品开发设计的常用策略

研学企业在开发设计乡村研学产品时,可以采用多种产品策略,包括产品差异化策略、产品组合策略、产品生命周期策略等。

1.产品差异化策略

差异化战略,旨在通过塑造企业在产品、服务、品牌形象等方面与竞争对手的显著区分度,从而确立市场中的竞争优势地位。此战略的核心在于打造出既被行业广泛认可,又能深深吸引顾客的独特价值主张。在产品层面实施差异化战略,意味着要聚焦于提升产品质量、创新设计等多个维度,以赋予产品独特的卖点与特性。尽管同行业内产品的基础核心价值可能存在共通之处,但差异化的核心在于如何超越竞争对手,在产品的性能、品质上实现质的飞跃。企业应该在满足消费者基本需要的前提下,率先推出具有较高价值和创新特征的产品,以独特个性的特点争取到有利的竞争优势地位。一般来说,产品差异化策略要充分考虑三点:一是产品必须贴近消费者,了解消费者的偏好;二是应用现代科学技术,开发新产品,增加产品的高科技附加值;三是了解产品的发展趋势。这三点必须综合考虑,相辅相成,集中体现在产品上。

乡村研学产品如何进行差异化设计?建议可以从以下几个方面着手。一是开发具有地方特色的课程内容。开发包含当地特色的研学旅游课程,如传统手工艺体验、农事活动体验、乡村历史探索等,可以吸引那些对此感兴趣的学生和家长,从而提升产品吸引力。二是注重产品的教育与娱乐相结合。研学旅游不仅是一次旅游活动,更是一次教育旅程。开发能够结合学习与娱乐的课程和活动,不仅能够提高学习的趣味性,还能增强学习的实践性和互动性,从而提升产品的教育价值。三是提升服务质量和体验。高质量的服务和良好的体验是产品差异化的重要组成部分。这包括提供舒适安全的交通条件、干净整洁的住宿环境、专业扎实的导师服务等。同时,可以通过增加一些特色服务来吸引顾客,如提供地方风味的餐饮、安排特色的夜间活动等。四是利用数字化手段进行产品赋能。通过社交媒体、在线广告、虚拟现实(VR)和增强现实(AR)技术等手段,可以有效增强产品吸引力。例如,通过VR技术让潜在客户提前体验部分研学旅游的内容,或者通过社交媒体分享研学旅游的精彩瞬间,以激发潜在顾客的兴趣。

2. 产品组合策略

产品组合策略是企业为面向市场,对所生产经营的多种产品进行最佳组合的策略,其目的是使产品组合的广度、深度及关联性处于最佳状态,以提高企业竞争力和取得更好的经济效益。产品组合的广度是指利用企业现有设备可以生产产品的不同品种类型数量,每类代表一条产品线,如乡村研学产品有农事体验型、文化教育型、户外拓展型等多种类型;产品组合的深度是指每类产品通过满足市场不同需求占有的市场类型数量,如户外拓展型,有的企业只做专业化产品,仅开发中小学户外拓展实践活动产品,有的企业做中小学生、体育爱好者、公司团建等不同市场的户外拓展产品,他们的产品组合深度便有差异;产品的关联性是指产品组合的广度和深度在生产成本上的重叠度,如乡村农耕文化类研学基地(营地),可以对农事体验型和文化教育型两种产品类型进行开发设计,二者在课程设计、教具使用、导师培训等方面可以共享资源。企业的理想产品组合包括那些当前虽未盈利但展现出强劲发展潜力、预期将成为未来核心竞争力的新产品;已实现高利润率、高速成长及高市场份额的关键产品;处于成熟阶段,虽利润率仍高但销售增速放缓的维护型产品;已明确进入衰退期,需逐步缩减投资以避免进一步财务损失的淘汰产品。基于市场环境的动态变化,企业需灵活调整其产品结构,以追求并维持产品组合的最优状态,这一过程即为产品组合策略的核心。产品组合策略包括但不限于:产品扩散策略,它细分为向下渗透(针对更广泛市场)、向上拓展(针对高端市场)、双向扩展(同时覆盖高低两端市场)及产品线填补(填补现有产品系列中的空白点);产品线削减策略旨在精简产品线,集中资源于更具竞争力的产品上;产品线现代化策略,通过技术创新与升级,保持产品线的时代性与竞争力。这些策略共同构成了企业应对市场变化、优化产品结构的重要工具。

研学产品组合则是指研学企业设计多种产品的配备和有机组合,包括所有的产品线和产品项目,一般坚持针对性、完整性、多样性、优惠性等原则,主要有地域组合、内容组合和时间组合三种主要类型。其中,地域组合是指将跨越一定地域空间、特色鲜明且差异性显著的多个研学项目组合形成一条研学线路。这种组合的核心在于展现线路的多元化内容与元素间的鲜明对比,比如,当条件成熟时,可以把分别具有壮丽自然风光、深厚古文化遗迹、宜人气候的乡村地域进行组合。内容组合是围绕研学活动的特定主题,将多个研学项目有机串联起来,形成两大类组合,即旨在提供全面广泛学习体验的综合性组合,和专注于某一知识领域深入探索的专业性组合。时间组合是依据季节的更迭和时令特色来规划研学产品,比如春季安排赏花之旅、夏季推出避暑研学项目、冬季组织滑雪体验活动等。此外,还可根据不同节日庆典及假期安排,灵活设计研学产品组合,以满足不同时间背景下的教育旅行需求。研学企业要结合企业类型、战略目标、运营计划、成本投入、市场竞争等内外部环境因素,选择适合的产品组合策略。

3.产品生命周期策略

产品生命周期是指一个产品从进入市场开始到最后退出市场的全部过程,包括投入期、成长期、成熟期和衰退期四个阶段。研学产品生命周期就是研学产品从投放市场到退出市场的全过程,与一般商品的生命周期不同的是,研学产品生命周期不是指研学产品使用价值的存在和消失,而是指研学产品是否被研学市场接受及接受程度。如以参观为主、简单尝试为体验的乡村研学产品,逐渐不被市场接受,数智赋能的沉浸式研学产品越来越受到市场追捧。

研学产品生命周期各阶段的特点各有不同,投入期是指新产品首次正式上市后的最初销售时期,如新的研学基地(营地)的建成,研学新线路的开通,新研学项目和服务的推出等,销售增长缓慢,投入和风险大,但竞争少;成长期的市场逐步打开,新的研学产品逐渐被研学旅游者接受,销量逐渐提高,企业盈利增长,但竞争也增加;成熟期是销售的主要阶段,研学产品已成为知名产品或老牌产品,在市场中享有较高的知名度和美誉度,拥有较高的市场占有率,利润也达到最高水平,但竞争日趋激烈;衰退期是研学产品逐渐退出市场的阶段,销售急剧下降,利润大幅滑落,与此同时,市场出现了新的研学换代产品或替代产品。研学企业要针对各个阶段的特点,有针对性地在产品定价、销售渠道、宣传推广、产品改良或研发等方面,选择合适的策略或组合策略。

需要强调的是,乡村研学产品开发设计的策略不止上述几类,随着时代的发展,产品策略会不断出现,但乡村研学产品策略应用要注意两点:一是策略的目标导向要明确,即开发设计并提供多样化的乡村研学产品;二是策略的灵活应用原则要坚持,策略是单一使用还是组合使用,要根据条件变化进行选择。

二、定价策略:运行灵活的定价机制

在乡村研学市场营销管理中,价格策略是一个关键因素,它直接关系到产品的市场竞争力和消费者的购买意愿。价格是调节市场的重要手段,价格策略作为营销管理的手段,其科学性和合理性直接影响着乡村研学的市场竞争力和消费者的购买意愿。

(一)建立目标导向的灵活定位机制是确保定价策略有效运行的基础

研学产品价格是对所获得的有形产品和无形服务的货币衡量,一般包括研学产品成本、净利润和税金三个要素。研学产品成本是研学产品生产和营销过程中所发生的各种物资消耗和劳动报酬的货币表现,包括研学旅游资源、旅游设施和其他原材料、燃料等的物资耗费、研学企业员工提供研学旅游服务的劳动报酬,以及产品的广告费和其他促销费用等;净利润和税金是研学产品价格中超过成本的差额;三个要素互相联系、互相制约。研学产品价格包括有单项产品价格和完整研学价格,具体关系见图5-1。根据研学产品价格的构成,可以看出,研学企业的报价是包括完整研学价格和研学服务所需的其他成本,如交通、住宿、餐饮、游览娱乐等旅游属性的活动所产生的费用。

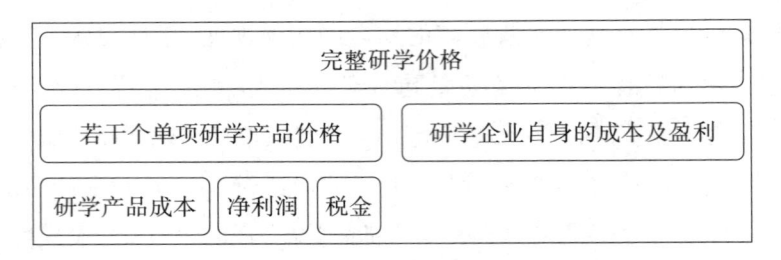

```
┌─────────────────────────────────────────┐
│            完整研学价格                  │
│  ┌──────────────────┐ ┌──────────────┐  │
│  │ 若干个单项研学产品价格 │ │研学企业自身的成本及盈利│  │
│  │┌────────┐┌────┐┌──┐│ │              │  │
│  ││研学产品成本││净利润││税金││ │              │  │
│  │└────────┘└────┘└──┘│ │              │  │
│  └──────────────────┘ └──────────────┘  │
└─────────────────────────────────────────┘
```

图5-1 研学产品价格的构成

通过研学产品价格以及研学企业报价构成可以看出,研学产品定价受到多种因素影响,既有企业可控的固定成本和变动成本、企业战略、产品特点等,也有企业不可控的市场需求、市场竞争、通货膨胀、政策法规、政府管理等。同时,乡村地区在地理位置、参与人员和组织、乡村治理、乡村建设等方面对乡村研学产品的价格有一定影响。定价是企业运用的工具,应以企业选择的目标或目标群作为定价的主要导向,以保证定价机制的灵活,从而有效利用或避免影响因素带来的结果。主要来看,研学企业有以下四种研学产品定价目标:一是利润导向目标,包括投资收益定价目标、当期利润最大化定价目标和长期利润定价目标三种形式;二是销售导向目标,主要目的是巩固和提高市场占有率、维持和扩大研学旅游产品的市场销售;三是竞争者导向目标,是指研学企业通过服从竞争需要来制定产品价格,为避免价格竞争导致两败俱伤的局面,多以主要竞争者价格为基础来制定自己产品的价格;四是社会责任导向目标,是指以为社会提供公益服务为己任,强调社会效益最大化的目标。

(二)乡村研学产品常用的定价策略

乡村研学产品要采用灵活多变的定价策略,以促进和扩大产品的销售,提高企业的效益和竞争力。通常可以采用新产品价格策略、心理定价策略、差异定价策略等。

1.新产品价格策略

乡村研学产品初入市场的定价正确与否,会在很大程度上影响产品在进入市场时的表现,从而影响研学旅游者的看法。新产品价格策略一般有撇脂定价策略、渗透定价策略和满意定价策略三种类型。一是撇脂定价策略,又称高价格策略,或者高价法,目的是尽可能在研学产品生命周期的初期获得大量利润,然后随着时间的推移,再逐步降低价格。优点是主动抢占竞争高地,短期获取最大利润;缺点是渠道商或消费者不一定认同买单。二是渗透定价策略,又称渐取定价策略、低价格策略或薄利多销策略,目的是初期以低价吸引研学旅游者,从而很快获得较高的销售量和市场占有率。优点是大概率能增加市场份额,得到渠道商和消费者的认可;缺点是低开的价值形象很难提高升级。三是满意定价策略,是一种介于撇脂定价和渗透定价之间的折中定价策略。目的是以稳健、适中的价格达到吸引市场和保证盈利的目标。优点是稳定、风险小;缺点是产品价值优势不一定凸显。

2.心理定价策略

心理定价策略指研学企业通过对研学客群心理进行分析,依据消费心理对价格数字的敏感程度和不同联想而定价的方法技巧。心理定价策略有很多方式,最常用的有以下七种。一是组合定价策略,即研学企业迎合研学消费者求全和量多价必优的心理,将两种或两种以上有关联的研学产品组合起来,制定一个报价,具体做法是将这些研学产品进行组合销售。二是吉祥数定价策略,这是基于消费者对某些数字特别偏好(如谐音比较吉祥),将其视为吉祥数,因而可以在定价中采用相应的吉祥数,如6、8、9等。三是整数定价策略,是指研学企业把研学产品价格特意定成整数,以使研学消费者在心理上产生高质量、高档次的感觉。四是尾数定价策略,也称为非整数定价策略,是指研学企业在制定研学旅游产品价格时以零头数结尾的非整数价格。五是价格段定价策略,研学消费者通常在心理上把一段价格看成一个档位价格,如把1 001～1 999元视为1 000多元,2 001～2 999元视为2 000多元。研学企业利用这种心理,把研学产品原来价格1 888元调整为价格段的高位数,如1 988元,这样不容易被研学消费者知觉,也容易被接受。六是招徕定价策略,指研学企业将某一种研学产品的价格定得特别低甚至不惜亏本,或特别高并广泛宣传,引起研学消费者的兴趣,扩大研学企业的影响,目的在于召唤研学消费者消费,引发连带购买行为。七是声望定价策略,是研学企业利用研学消费者仰慕名牌和名店的心理,一般会认为越是知名研学机构和知名研学景区等推出的品牌研学产品,价格必越高。因此一些具有较高社会声望的研学企业,对研学产品实行高价格策略,以获得更多的利润。

3. 差异定价策略

差异定价策略是指相同的研学产品以不同的价格出售的策略,目的是通过形成若干个局部的研学市场而扩大销售,增加研学企业的盈利来源。

一是地理差价策略。地理差价有以下两种情况。其一,研学产品的不可转移性决定了不同位置的产品所体现出的产品价值是不相同的,如剧院,虽然不同座位的成本费用都一样,但是不同座位的票价有所不同。其二,由于不同地区的消费者具有不同的消费水平、偏好和行为习惯,因而不同地区的研学市场具有不同的需求曲线和需求弹性。因此研学企业以不同的价格策略在不同地区营销同一研学产品,以形成同一产品在不同空间的横向价格策略组合。

二是时间差价策略。时间差价策略是指研学企业针对相同的研学产品,按研学者需求的时间不同而制定不同的价格。这种策略有利于中间商和消费者增加购买频率和力度,同时可减少研学企业仓储费用、加速资金周转。该策略特别适合在研学淡季采用。

三是对象差价策略。对象差价策略是指研学企业针对不同消费者的需要和购买的数量等因素,对同一研学产品实行不同的价格。采用该策略的目的在于稳定客源,保证研学企业基本的销售收入,有时采用该策略也是为了争取客源。

四是质量差价策略。高质量的产品包含着较多的社会必要劳动量,应该实行优质优价。市场上内容基本相同的研学产品中存在着档次上的差异。如不同级别酒店提供的服务设施的现代化程度、酒店的环境、舒适程度、研学项目吸引力、企业人员素质和服务水平等因素都是划分等级的依据,制定的价格也不一样。保持合理的质量差价,一方面是价值规律的客观要求,有利于保护消费者的合法权利,使支出的价格与得到的满足感相一致;另一方面可以促进研学企业努力改进经营管理,不断扩大研学服务项目,提高服务质量。

乡村研学旅游的价格策略是一个系统工程,需要综合考虑市场环境、产品特性、消费者需求等多方面因素,通过科学的方法制定,并通过有效的实施策略,实现旅游企业的经营目标。未来,随着乡村研学市场的不断发展和消费者需求的多样化,价格策略的创新和优化将成为乡村研学企业竞争力提升的关键。

三、渠道策略：建立高效的销售渠道与网络

在乡村研学市场营销策略中，渠道策略是关键的一环，它关系到产品如何从生产者传递到消费者手中。乡村研学产品营销渠道，是指为配合生产、分销和消费某一乡村研学产品或服务的所有单位和个人。也就是说，包括参与研学产品过程的所有有关研学企业（机构）、中间商和个人，如上游的资源供应方、中游的专业研学服务机构和下游的渠道商，以及最终的研学产品消费者（如学校、家长、学生）等。它是连接生产者与消费者的通道，包含了从研学产品的生产（起点）、销售（中介）到消费（终点）的完整过程，具有长短、宽窄等属性，灵活性较强。

（一）营销渠道策略的运用目的是建立高效的销售渠道与网络

通过充分运用营销渠道策略，可以建立高效的销售渠道与网络，不仅能提升产品的市场覆盖率，还能优化顾客购买体验，增强顾客忠诚度。

首先，针对乡村研学产品的特性，构建线上和线下两个维度的覆盖广泛、高效运转的销售渠道与网络。在线上，可以通过建立官方网站、电子商务平台、社交媒体账号、在线旅游平台（如携程、飞猪等）以及微信小程序等多种渠道构建销售渠道。充分利用这些渠道，不仅可以发布最新的研学产品信息，还可以通过内容营销，如发布旅行日志、体验分享、安全指南等，来吸引潜在客户的注意力，并通过线上预订系统简化预订流程，提高转化率。同时，还可以利用数字营销工具来提升产品的在线可见度和吸引潜在客户，如利用大数据和社交媒体平台的广告定向功能，针对有儿童的家庭推出"寓教于乐"的乡村研学项目，精准地锁定目标市场，进行有针对性地推广，有利于直接触及潜在客户群。在线下，充分挖掘产业链的上中游企业，如旅行社、教育机构、民宿和其他相关企业，通过与他们合作，可以拓宽销售网络，如与旅行社合作可以借助其成熟的营销网络和客户资源，而与学校和教育机构的合作则可以为研学项目带来稳定的客户群体。同时，也能为产品提供附加的推广和推广渠道，如在合作企业（机构、学校）或乡村研学目的地的显著位置设置宣传栏、宣传册，或者组织一些体验活动，让潜在客户亲身体验乡村研学的魅力，从而提高产品的

认知度和转化率。

其次，为了提高渠道策略的有效性，需要实施有效的营销渠道管理。研学市场营销渠道的管理就是对直接和间接销售渠道的控制、激励评估和调整，其中主要是对间接销售渠道的管理。只有加强旅游营销渠道的管理，才能保证其运行活动按事先预定的方式和轨迹进行，才能达到选择确立旅游销售渠道的目的，使研学企业和中间商获得应有的经济效益。研学市场营销渠道管理包括渠道成员的激励与管理、渠道冲突的解决以及渠道成员之间的协同合作等。例如，与学校和教育机构合作，可以作为一个重要的渠道来推广研学旅游产品。

最后，为了保证渠道的可持续性，需要不断优化渠道结构，并根据市场反馈调整渠道策略。这意味着要对渠道成员的绩效进行定期评估，并根据市场需求和竞争状况调整渠道策略。绩效评估主要涉及三个方面，一是销售能力评价，主要包括中间商的销量指标完成情况、实现的利润额和费用结算情况，销售量占企业产品总销量的比重大小，对客户的服务水平等内容；二是商业信誉评价，研学企业可通过对中间商的主要合作者、服务对象进行调研，了解中间商在旅游市场上的知名度、诚信度和美誉度；三是配合程度评价，主要包括中间商为企业宣传和推销产品的积极性，以及与其他中间商的关系及配合程度等。

乡村研学产品的渠道策略需要综合考虑产品特性、市场需求、合作伙伴等多方面因素，通过线上线下渠道的结合，建立一个高效率、高覆盖的销售网络，这不仅能提升产品的市场竞争力，还能为消费者提供更好的服务体验。

(二)乡村研学市场常用的营销渠道策略

为了提高乡村研学产品的销量，扩大市场份额，实现经济效益的最大化，研学企业要选择有利的营销渠道，主要采用的策略有直接营销渠道和间接营销渠道的选择策略、营销渠道宽度的选择策略和营销渠道长度的选择策略。

1. 直接营销渠道和间接营销渠道的选择策略

在旅游市场营销的常态下，企业通常会并行采用直接与间接两种营销渠道，这一布局深刻植根于旅游市场的独特性质之中。鉴于研学产品目标市场的广泛分散性,研学企业仅凭一己之力构建广泛覆盖的销售体系往往力不从心。因而要想扩大产品的覆盖面并吸引充足客源,企业必然需要依托多样化的中间商来实现销售网络的扩展。具体而言,针对学校及教育辅导机构等较为集中且明确的客户群体,研学企业更倾向于采用直接营销渠道;而面向家长或更广泛市场,研学企业则更倾向于通过间接营销渠道来覆盖更广泛的潜在顾客群。此外,高端研学产品因其小众化特性,多采取直接营销策略以精准对接少数高端买家;而大众化研学产品则更适合通过间接渠道,以更广泛的网络覆盖满足大众需求。另外,研学产品的生命周期也是决定营销渠道选择的重要因素。在产品从投入期到成长期、成熟期,直至衰退期的各个阶段,研学旅游企业需灵活调整营销策略,匹配相应的营销渠道。例如,在产品投入期,可能需要通过多元化的间接渠道快速提升市场认知度;而在成熟期,则可能更倾向于通过直接渠道以深化品牌忠诚度并优化成本控制。这种基于产品生命周期的动态调整,有助于企业在不同市场阶段实现更有效的市场渗透与增长。

2.营销渠道宽度的选择策略

营销渠道的宽度选择所要解决的是选择每个渠道层级的中间商数量多少的问题,主要有以下三种选择策略。一是无限制型渠道策略,即研学企业鉴于自身资源的局限性,为加速产品市场渗透,采取广泛招募中间商的策略,不设数量上限。这种方式往往导致渠道成员众多,管理复杂度增加,研学企业的控制力被削弱,可能引发渠道秩序的混乱。二是选择型渠道策略,即研学企业在特定市场区域内,精心挑选少量但资质优秀、信誉卓著、服务优质的中间商作为合作伙伴。这种策略尤其适用于价格定位高端或供应量受限的乡村研学产品,有助于维护品牌形象,确保销售质量。三是专营型渠道策略,即研学企业在特定时间范围和特定地域内,仅授权一家中间商进行产品销售。这种做法简化了渠道结构,增强了与中间商的紧密合作,能够激发中间商的销售热情与忠诚度,同时也有助于企业对营销渠道的有效管理。然而,独家专营也意味着渠道覆盖面相对有限,可能带来一定的市场风险。

3.营销渠道长短的选择策略

营销渠道的长短取决于研学旅游产品销售过程中所经过的中间环节的多

少。短渠道的中间环节少，相应产生的渠道费用就低，价格优势明显，所以研学企业在具有较强的经济实力或找不到合适的中间商时，多采用较短的渠道或自行组织营销系统完成整体销售工作。长渠道的中间环节多，销售范围较广，因此当产品销量较大，市场广阔而分散时，需要研学产品在市场上广泛分布并具有区域延伸性，宜采用较长的渠道。

在乡村研学旅游的背景下，渠道策略主要涉及如何通过合适的渠道向目标市场推广旅游产品，吸引潜在游客，并促进旅游产品的销售与品牌建设。

四、促销策略：与时俱进创新推广方式

促销策略也是营销组合中的关键环节，其目的在于通过一系列的活动和手段，激发市场活力和购买力，增加产品的知名度与销量，从而实现企业的销售目标和市场扩张。促销策略的本质是做好企业和产品推广，既要加强传统促销手段，包括传统的广告推广、营业推广、公关活动、人员推销等，特别是加强与研学市场重要伙伴的合作关系，如加强与教育机构、学生组织以及其他利益相关者的合作等；也要不断创新推广方式，充分借助大模型分析、数字技术等力量，创新推广方式，做好线上线下融合的促销推广。研学企业通过多个渠道、多种方式向目标消费者推广乡村研学产品，可以覆盖更广泛的潜在客户群体，从而不断提升产品的市场覆盖率和知名度。

目前，研学企业常用的促销推广策略，有在线广告、电子邮件营销、社交媒体营销、合作营销、内容营销、口碑营销、事件营销、忠诚计划营销等多种方式。根据利用线上线下资源的不同，重点介绍以线下为主的合作营销和以线上为主的新媒体营销。

（一）合作营销

合作营销是指不同主体之间通过合作来共同推广和销售研学产品，以实现资源共享、优势互补和市场拓展的一种营销方式。这种合作模式可以涉及政府、企业、非政府组织、学校、旅行社等多个利益相关者。合作营销的优势在于能够整合不同主体的资源和优势，形成合力，提高营销效率和效果。例如，

政府可以提供政策支持和宣传平台,企业可以提供技术和管理经验,非政府组织可以负责社区参与和宣传教育,学校和旅行社则可以作为乡村研学活动的组织者和推广者。

实施合作营销策略时,首先需要明确合作的目标、利益分配机制、合作双方或多方的责任和义务。其次,要建立有效的沟通协调机制,确保信息的透明。再次,要设计适合各方需求和特点的研学产品宣传活动,如结合乡村地方文化特色的体验活动、主题活动、节日活动等进校园、进社区等,以吸引目标市场,让研学旅游者对乡村研学活动有兴趣、有期待。最后,要建立长期合作关系,通过持续合作来增强乡村研学品牌效应和市场竞争力。

乡村研学市场的合作营销主要有四种方式。一是政府与企业合作。政府可以提供必要的政策支持和基础设施建设,特别是依托乡村振兴战略,政府可以在政策、资金、资源、信息、技术等方面做好整合融合,创造发展乡村研学市场的基础条件;企业则可以利用其经营经验和营销渠道来共同开发和推广乡村研学产品。二是学校与旅行社合作。研学实践活动是中小学校培养学生的重要内容,也是必须完成的教学计划,学校可以根据校本特色和学科特点,组织老师研发乡村研学课程,组织学生开展乡村研学活动;旅行社则提供相应配套的旅游产品和服务,共同打造乡村研学市场。三是乡镇政府与非政府组织合作。乡镇政府可以引导村民参与本地研学产品的开发,以及在研学活动中维护乡村资源,形成具有乡土特色的研学目的地;非政府组织可以提供教育活动的智力支持,可以对研学目的地的乡村进行大力宣传,从而共同提升乡村研学市场的吸引力。四是企业间合作。不同企业可以通过合作共同开发乡村研学产品,共享市场信息,进行品牌联合推广等。

信息时代下的企业管理观念在不断转变,共创、共享、共赢理念日益突出,资源共享和知识创新不断推进,企业间依赖关系不断加强,异业合作逐渐成为企业间合作的重要方式。异业合作是指两个及多个不同行业的企业间,在面向共同客户群体时所达成的通过共享资源实现竞争目标的企业策略。企业通过异业合作最终实现的是面向客户的产品服务创新过程,包括了产品设计开发、产品生产和产品推广三个阶段。研学旅游是"教育+旅游"的新业态,产业融合之下,企业合作有巨大的空间。旅游行业之外,文化及其他行业都注意到研学旅游的独特价值,相关企业基于不同的商业目的和社会责任开始涉足研学领域,研学企业也可以主动选择合适的异业伙伴,联合开发新产品、拓展新市场。

一方面,在产品研发和生产阶段,充分发挥"+研学"和"研学+"不同的特点。"+研学"是以异业本身为基础,融入研学产品的属性,结合教育目标,融入研究性学习和旅行实践方式,打造全新的体验式研学产品。"研学+"是以研学服务机构和设计者本身为基点和主体,融合相关的异业,借助异业的特色与专业优势,设计出与众不同、符合客户需求的研学产品。乡村研学旅游是"+旅游"和"研学+"典型的异业合作案例,是乡村振兴与研学产业的深度融合,这些乡村并不是传统意义上的研学旅游基地(营地)。在发展振兴过程中,往往借助研学产品设计思维,依托其特色的乡村生活、农事生产、农业生态、农耕文化等资源禀赋,开发出极具地域属性和教育意义的研学旅游产品,如乡村科普教育、乡土文化探究、农业劳动体验、生物认知考察等,吸引着越来越多的研学旅游者前往,成为乡村振兴的一大亮点,也成为拉动乡村旅游经济的增长点。同时,旅行社和研学服务机构在开发乡村研学产品时,不可能对涉及农业或乡村的各个领域都了解,必然要与农村合作社、农业加工企业等异业展开合作,以提升产品的专业性。

另一方面,在产品推广阶段,研学企业可以与异业伙伴联手开拓市场,核心重点在于以产品为纽带,把自己的客户变成别人的客户,把别人的客户变成自己的客户,形成双向引流。如乡村研学产品把研学企业和乡村民宿、农业合作社、农业技术研发机构等企业联系起来,研学旅游者及其关联群体在研学活动中对乡村自然风光、文化特色有兴趣时,会转变为乡村旅游的游客、技术研发机构的合作者等。同时,这些企业的消费者通过宣传了解研学活动后,也有可能会转变为研学产品的消费者。

(二)新媒体营销

随着互联网技术的广泛应用,新媒体已进入我们的日常生活。新媒体是一个随着时代发展不断发展变化的概念,每个时代都有自己的新媒体,它反映了不同时代阶段的经济发展与信息科技发展现状。新媒体,是继电视、广播、报刊等传统媒体之后发展起来的新的媒体形态,是数字化、信息化时代到来后出现的各种媒体形态。常见的新媒体有门户网站、微信、微博、手机App、搜索引擎、虚拟社区、专业论坛、网络游戏等。伴随新媒体的迅速发展,依托新媒体的营销方式也应运而生,呈现出方法多元化、形式多样化的特点。什么是新媒体营销?新媒体营销指借助移动互联网技术,以短视频、直播App等新媒体平台为营销渠道,针对企业所提供的服务、产品等内容宣传企业的品牌、价值或促销信息,是企业营销战略的关键环节。新媒体营销因其互动性强、传播速度快、形式多样化、内容创新性等特点,受到企业广泛关注和应用,尤其是在旅游行业中的应用越发广泛,例如旅游直播、虚拟旅游社区等。旅游新媒体营销,就是指在互联网等新媒体平台,通过对多种数字化营销手段的应用,不断推广相关旅游产品和服务,以实现吸引游客和提升旅游知名度的营销方式。研学旅游作为旅游细分市场,也可以充分运用这一营销模式,推广研学产品,提高品牌知名度和市场美誉度。

新媒体营销的方式较多,根据新媒体平台特点和风格不同,可以分为以社交平台为载体的社交媒体营销和以视频平台为载体的内容营销。

1. 以社交平台为载体的社交媒体营销

在社交化趋势越来越明显的"互联网+"时代,微信、微博、抖音等社交媒体成为人们获取资讯的重要方式,社交媒体对人们生活和价值观念的影响越来越大。旅游活动是社交媒体的热门传播和热点分享内容,旅行者旅途后在社交媒体平台通过文字、图片和视频分享其旅行体验,对潜在旅行者的意愿和行为具有重要导向作用。因此,社交媒体具有巨大的网络营销力,众多旅游景点、旅游目的地和社交媒体博主以及平台合作,利用社交媒体营销活动吸引潜在旅行者。

社交媒体营销是一种新型数字营销手段,通过利用社交媒体平台,采用以内容创造、双向互动为核心的多元营销手段,以实现品牌推广、利益相关者参与、强化与消费者关系等营销目标。常用的社交媒体平台包括微信、微博、QQ等,以及近来兴起的小红书、KEEP健身等社交类软件。微信、QQ等社交类软件,在营销活动中具有较强的私密性,通过一对一对话、朋友圈传播、微信社群传播等方式,能增强消费者的信任度,增加消费者对产品粘性。微博以其广泛的覆盖范围和极快的传播速度著称,一条蕴含高度吸引力的微博内容能够在短时间内触及并影响多元化的受众群体。将微博作为营销阵地,有机会把关注者转化为潜在的营销目标,为研学企业提供一个传播产品信息的有效渠道。每个企业都可以通过微博平台传播自己的产品信息,在不断扩大营销搜索圈后,被更多的准客户寻找到。

因此,在当前的数字营销环境中,社交媒体已成为连接品牌与消费者的重要渠道。在乡村研学旅游营销中,社交媒体营销的应用可以增强研学企业的品牌影响力、研学产品的美誉度、乡村目的地的知名度等,吸引研学旅游者,促进研学产品的销售。在运用社交媒体推广乡村研学产品时,要注意以下几个方面。

第一,社交媒体平台作为内容的分享窗口,要注重内容的筛选,确保内容真、质量高。社交媒体平台(如微博、微信、抖音等)为乡村研学目的地提供了展示其独特魅力的窗口。通过分享内容真实且高质量的图片、视频和文章,例如,分享研学产品内容里提到的自然风光、文化活动、特色美食等内容,可以有效地展示乡村及研学产品的真实情况,吸引潜在消费者的注意力,并与他们建立情感联系,激发潜在游客的兴趣。

第二,社交媒体营销要通过多样化的活动激发用户参与和互动的热情。通过组织在线活动、竞赛或话题讨论,研学企业可以激发社交媒体用户的参与热情,同时收集潜在游客的反馈和建议,进一步优化研学产品和服务。例如,发起有关乡村文化或历史的知识竞赛,不仅能为线下的研学活动做知识储备,还能提升乡村作为旅游目的地的品牌形象。

第三,要加强社交媒体平台舆论导向管理,建立和提升乡村及研学产品的良好口碑。社交媒体平台的舆论导向,是决定社交媒体营销活动成败的决定性因素,负面评价会极大降低研学消费者的参与意愿。研学企业和乡村地区的相关部门要时刻关注社交媒体平台上的舆论导向,完善社交媒体在线服务模块功能建设,对社交媒体用户的投诉和问题进行妥善处理和积极回应,正确引导各社交媒体平台上的舆论导向,减少消费者传播负面舆论的可能性,提升网络口碑。特别要注意重视网红和"意见领袖"的影响力,他们有一定的粉丝基础,良好的口碑可以吸引粉丝转换为目标客群,但口碑塌陷可能带来舆论风暴。

第四，要充分利用社交媒体平台的广告系统，精准定位目标群体，并进行有针对性的推广。通过设定地理、兴趣、行为等多元化的广告参数，可以确保营销信息精准到达潜在客户，提高转化率。此外，还可以利用社交媒体搭建官方的乡村研学电子服务平台，如微信公众号、微信群等，平台主要面向研学需求方和研学供给方，为供给方和需求方提供一个交流与互动的平台。通过该平台，乡村研学需求方和供给方可以更方便地找到彼此，从而实现供需对接；还可以提供双方共同参与的乡村研学旅游质量评价和反馈沟通的服务，以实现乡村研学信息的公开化、透明化；同时，平台还需要强化安全监管，加强对乡村研学供给方的安全管理和风险防范，确保供给方有正规的营业执照，提供的活动安全可靠，以此提升需求方对乡村研学活动的信任度和满意度。

可见，社交媒体营销在乡村研学旅游中扮演着重要角色，它不仅能提升乡村目的地及研学产品的品牌知名度，还能通过互动来增强消费者的体验，同时通过精准营销和合作推广，提高营销效率和投资回报率。未来，乡村研学旅游目的地应继续探索和优化社交媒体营销策略，以适应数字化时代的市场变化。

2. 以视频平台为载体的内容营销

新媒体环境下的内容营销是一种基于数字化平台，依托于互联网和移动互联技术的营销策略，旨在通过创作、发布和传播有价值且具有吸引力的内容，吸引目标受众，建立良好的品牌形象，进而促进产品或服务的营销，具有多样化的内容形式、高度互动性、实时性强、数据驱动等特点。新媒体的视频平台包括短视频平台、长视频平台，以及直播类 App。乡村研学市场应用较多的是短视频和直播两类，短视频具有创作门槛低、社交属性强和碎片化观看的特点，符合当下用户的消费习惯，用户黏性高。直播最大的特点是直观、即时、互动，具有较强的信息披露性和情感感染力，有利于用户沟通和宣传，让人与货的联结关系更紧密，可以更好引导消费者，更快捷地匹配供需关系。

以视频平台为载体的内容营销，适合应用于乡村研学市场，它通过创造和分发有价值、相关和连贯的内容，以短视频和直播形式，吸引和留住目标受众，并最终驱动消费者行为，以达到增加品牌认知、改善用户体验和提升销售转化率的目标。在采用这种营销方式时，要注意以下几个方面。

首先，内容营销的核心是提供有价值的内容给目标受众。乡村研学产品的内容营销,可以通过分享研学指南、介绍当地文化、解释自然景观的视频或者已参与研学活动的客户的体验视频等,提供有教育属性和独特见解的内容,或者提供客群关心的问题,如研学过程的安全保障问题,旅游服务问题等。

其次,内容营销要求有高度的相关性。乡村研学旅游的内容营销可以通过研究目标市场的消费者的偏好、动机和行为模式来设计,确保内容与他们的期望和需求相匹配。新媒体环境下的内容营销受益于大数据、用户画像和算法等技术手段,可以更精准地锁定目标受众,通过对用户数据的收集和分析,企业和个人可以了解受众需求,优化内容运营策略,提高营销效果。因此,内容必须是目标受众正在寻找的,与他们的需求和兴趣密切相关。

再次,内容营销还需要内容的连贯性。这意味着内容应该构成一个统一的、逻辑的整体,不仅仅是零散的信息片段。在乡村研学旅游的内容营销中,可以通过建立一个内容主题框架,将教育性、娱乐性和信息性的内容有机结合起来,形成一个完整的研学旅游信息体系。

最后,内容营销的目的是促进消费者的购买行为。在乡村研学旅游的情境中,这可以通过创建能够激发消费者购买的研学产品和服务来实现。例如,可以通过分享参与研学活动的学生体验成长故事来激发潜在目标客群的兴趣,或者通过提供有教育意义的内容来增强消费者对乡村研学产品的了解和信任。

对乡村和研学企业而言,新媒体营销既带来了机遇,也带来了挑战。新媒体营销在提高市场反应速度、精准定位目标群、增强客户粘性等方面具有较强优势,但也存在许多问题,例如内容良莠不齐,平台支持度不够,主播专业性不强等,这些问题会造成市场口碑下降,从而影响市场销售率。因此,在面对新媒体营销的挑战时,研学企业要认真把控投放内容,乡村地区相关部门也要对新媒体营销的内容与形式进行严格监管。

第四节
创意赋能乡村研学市场营销

要做好乡村研学市场营销,需要坚持创新发展理念,善于运用创意赋能。

一、创意赋能的前提条件

(一)坚持创新发展理念

创意是营销的灵魂,乡村研学市场营销的创意,要遵循生态保护原则,坚持可持续发展。很多口碑好、回头客多的乡村研学目的地或研学企业,都有一个共同的特点,就是创新。通过创新,可以开发不同的课程、活动、线路等产品,吸引不同需求的目标客群。例如,珠海市斗门区莲洲镇的岭南大地国家级田园综合体,是一个以岭南文化为魂,农耕体验、科普教育为核心,以二十四节气为脉络的乡村文化生态体验区,通过策划二十四节气体验活动,让青少年身临其境领略中国传统文化。一般来说,田园综合体的资源类型和功能设计较多,岭南大地国家级田园综合体选择二十四节气活动为创意点,串起中医药文化趣味科技体验馆、岭南民宿和乡村自然资源,形成"研学+科技+中医药"的复合式特色产品,拓宽了研学和乡村旅游市场。

根据中国乡村旅游大数据报告,青少年已成为乡村旅游的主流客群,占比过半,说明乡村旅游游客呈现年轻化趋势。针对这样的市场变化,乡村研学旅游供给要提前布局,有策略补充、替换、升级研学产品的内容,灵活运用促销推广方式,通过创新创意,主动求变应变,丰富产品类别和内涵,如"研学+体育+乡村旅游""研学+亲子+民宿""研学+非遗+文创"等,对研学产品进行提档升级。

(二)创意需要IP化

IP是英文"知识产权"(Intellectual Property)的缩写,核心是创造和权利。权利是这个IP的所有权和使用权,决定其价值的归属;创造是指IP具有唯一性、不可替代性,决定IP的价值。IP的核心作用和价值就是号召消费者和影响消费者,它是不可复制的,而创意很容易被复制。

例如,大邑县以科普场景打造为抓手,充分挖掘全县农业资源,积极探索科普服务乡村振兴新路径,通过实施"科普+田园",打造出集亲子游玩、研学旅游、趣味拓展等于一体的田园IP科普场景。一方面,大邑县通过大地景观再造工程打造"文旅大邑"田园风光,通过盘活废弃厂房搭建集综合培训服务平台、研学、科普等于一体的乐农学院,充分运用美学思维建设科普载体,赋予传统村落美学价值和科普价值,推动乡村空间蝶变"科学美空间",形成具有"科普+田园"IP的乡村研学目的地。另一方面,搭建联合协作机制,构建"学校+协会+基地"合作模式,努力在科技资源供给、科普课程设计等方面寻求突破,不断丰富科普内容;整合产业资源,分析生态农业、生态旅游、生态研学等产业发展脉络,大力发展科普产业,提升"科普+农业"趣味性,研发插秧、碾米、摸鱼、榨油等科普体验项目,衍生天府丰收节、稻田艺术节等田园生态文化,实现从单一耕种知识科普到农业产业化科普转变,完善"科普+非遗"体系建设,围绕王泗风筝、红梅竹编、皮影等地域非遗特色,孵化风筝制作、竹编体验、皮影设计等科普项目,助推非遗技艺保护、传承和弘扬。通过深挖资源,融合产业,形成"科普+田园"IP的活动内容。2021年大邑县就吸引了亲子研学、学校研学、夏令营等团队120余个,服务2.3万人。

对消费者而言,通过创意IP化,有利于塑造品牌,从而使研学产品具有较强的辨识度,能够进一步提高市场关注度和购买率。但要注意的是,创意的首次使用和复制使用的效果截然不同,本质上是首次使用的创意,更容易转化为IP。

(三)紧抓体验经济的关键:新鲜感

乡村研学不管从教育功能还是旅游属性,都离不开体验的过程,具有体验经济的特点。体验经济的重点是让消费者有新鲜感,保持新鲜感的方式有很多,乡村资源丰富,可以充分利用资源打造乡村研学目的地,比如增加研学类型、丰富研学内容等,在乡村属性的统筹下拓展产品线,可以保持研学产品的市场活力。

比如浙江诸暨的米果果小镇,是一个集旅游、休闲和观光于一体的现代农业产业园,被《中国青年报》称为中国农业版"迪斯尼乐园",它实质上就是一个生态庄园,以种植精品水果为主,但它围绕"生态"和"农产品"拉长产业链,把乡村休闲旅游功能做得非常丰富,打造有机、文化、养生菜系的生态餐厅。小镇有水世界、儿童乐园、拓展运动、露营、手工等项目的亲子娱乐,有青少年农业科普馆,以农耕文化、节气文化、传统乡土文化等为主的乡村记忆馆,以及提供优质特色农产品等。仅以亲子研学、青少年研学市场来看,可以开发不同主题、体验不同内容的研学产品。可见,米果果的产业链条长且宽,产品线较多,重复购买体验的市场较大。

如何抓住消费者的"新鲜感"呢?

一是要关注市场需求的变化,充分运用"3S"逻辑。"3S"是服务业的基本逻辑,即服务水平的提升逻辑,从标准化(Standard)到满意化(Satisfaction)再到惊喜化(Surprise),服务水平在不断提升。由于乡村研学旅游市场竞争逐渐激烈,消费者对研学产品的个性化需求越来越明显,标准化与满意化的服务产品,已难以满足这类需求,更多的要开发市场,关注细节,挖掘能带来惊喜"WOW"的产品,就是让消费者觉得惊喜的产品,自然就关注过来了。

二是要立足地域挖特色,充分开发体验产品。紧扣地域农业特色和地域农业文化特色,将生产、生活、生态、生意"四生"结合,充分挖掘农业和农村资源推出体验产品,研学产品的乡村本色不能丢,不能让消费者来乡村体验的内容与城市生活大同小异。

一、创意赋能乡村研学市场营销的路径

(一)守正创新,立足乡村培育创新精神

"必须坚持守正创新"是党的二十大报告提出的"六个必须坚持"中的一项

重要内容,习近平总书记指出:必须坚持守正创新。我们从事的是前无古人的伟大事业,守正才能不迷失方向、不犯颠覆性错误,创新才能把握时代、引领时代。

1. 守正,是不可逾越的底线

创意赋能乡村研学市场营销,要遵循发展规律,立足发展根本,即遵循经济、社会、文化的发展规律,立足乡村,以生活、生产、生态"三生"为根,农业、农村、农民"三农"为本,呈现本地独特的乡村自然环境与乡土民俗文化。

①坚持人与自然和谐共生

大自然是人类赖以生存发展的基本条件。必须站在中华民族永续发展根本大计的高度,尊重自然、顺应自然、保护自然,坚定不移走生产发展、生活富裕、生态良好的文明发展道路,建设人与自然和谐共生的现代化,建设望得见山、看得见水、记得住乡愁的美丽中国。

②坚持两山理论:绿水青山就是金山银山

牢固树立和践行绿水青山就是金山银山的理念,正确处理经济发展和生态环境保护的关系,确立"保护生态环境就是保护生产力、改善生态环境就是发展生产力"的观念,实现发展和保护的协同共生。

2. 创新,是乡村的内生发展力

立足乡村,培育政府、企业、村民等各主体的创新精神,提升乡村的内生发展力,形成乡村研学市场营销创意的源泉。

①政府的创新意识影响企业的创新意愿。政府通过增强现代服务意识,坚持现代管理理念,加强对市场的指导和监管,引导乡村研学市场营销坚持正确的发展方向。创新营销不能滥用方法和手段,要有生态环保、法律道德等底线意识,特别是采用直播、短视频等创新方式推广营销时,要坚持去伪存真,不能巧取"镜头"、自带"滤镜"等。政府要积极开展技能技术等培训,提高研学市场的专业化水平。政府还可以创新绩效考核体系,增加生态绩效和社会绩效,引导研学企业以社会市场营销观念为基础开展创新。

②企业的创新意愿影响市场的创新活力。企业通过准确识变、科学应变、主动求变,积极尝试实践乡村研学市场营销活动。研学企业或乡村研学基地

等组织,要深入开展市场调研,针对目标市场的需求变化,调整产品体系、销售渠道以及促销方式;要加强员工培训,多开展头脑风暴等活动,收集创意点子,尝试创意实践;要树立品牌意识,加强品牌建设,形成研学产品的IP,保持市场占有率。

③村民的创新能力影响政府的创新意识。村民通过转变发展观念,主动积极参与培训和学习,增强乡村研学旅游从业能力,提高素养和自我发展能力,成为集农民、研学指导师、活动组织者等多种角色于一体的研学行业从业者。村民要充分发挥"能工巧匠"的作用,促进研学产品的改进升级;要树立主人翁意识,积极主动参与乡村研学目的地建设和推广。

(二)文化铸魂,融合文旅激发创新活力

创意赋能乡村研学市场营销,不能离开自有文化本色,避免文化虚无主义的创意。文化铸魂,就是要发挥文化在激活研学旅游创意、提升研学产品品质中的关键作用。

2023年10月,全国宣传思想文化工作会议正式提出并系统阐述习近平文化思想。习近平总书记强调,要坚持以新时代中国特色社会主义思想为指导,全面贯彻党的二十大精神,聚焦用党的创新理论武装全党、教育人民这个首要政治任务,围绕在新的历史起点上继续推动文化繁荣、建设文化强国、建设中华民族现代文明这一新的文化使命,坚定文化自信,秉持开放包容,坚持守正创新,着力加强党对宣传思想文化工作的领导,着力建设具有强大凝聚力和引领力的社会主义意识形态,着力培育和践行社会主义核心价值观,着力提升新闻舆论传播力、引导力、影响力、公信力,着力赓续中华文脉、推动中华优秀传统文化创造性转化和创新性发展,着力推动文化事业和文化产业繁荣发展,着力加强国际传播能力建设、促进文明交流互鉴,充分激发全民族文化创新创造活力,不断巩固全党全国各族人民团结奋斗的共同思想基础,不断提升国家文化软实力和中华文化影响力,为全面建设社会主义现代化国家、全面推进中华民族伟大复兴提供坚强思想保证、强大精神力量、有利文化条件。

我国是文化资源大国,在文化内容挖掘、基因提炼和产业转化方面具备先天优势,坚持以文化为本源,深入挖掘中华民族优秀传统文化和先进当代文化

内涵,通过文旅深度融合,促进文化资源要素的创造性转化,将文旅活动打造成为广大人民群众感悟中华文化、坚定文化自信的重要载体。近年来,随着文化自信的坚定,越来越多的目光投向传统文化。乡村是中国传统文化的重要源头和宝库,打造文旅深度融合的乡村研学产品具备先天优势,如挖掘传统艺术与民俗文化元素打造"传统艺术+乡村民俗"研学产品;挖掘建筑资源与民居文化元素打造"建筑民居+乡村信仰"研学产品;挖掘乡村民歌与乡村文化生活打造"乡间村歌+文化变迁"研学产品等。通过深化文旅融合,打破传统产业之间的边界,可以激发市场的创新活力,将乡村文化资源挖掘、活化。

(三)科技驱动,挖掘内容提升创新能力

坚持"科技驱动,内容为王",加强乡村研学市场营销人才的技术培训,提升人才创新能力,充分利用技术力量实现创意赋能。数字技术可以实现内容的多元展现,提升创新能力,并且可以最大程度地保护生态环境。

1.数字技术带来产品新形态

数字技术重新定义了消费者与供应市场的关系,生产链末端的消费者在技术赋能下具备了逆向生产的能力,从单方面的价值接受者转变为与企业共同创造价值的合作者。比如人工智能、3D打印等技术的出现,在盘活文化遗产资源进行创意开发的同时降低了艺术创作的门槛。腾讯与敦煌研究院合作发起的"敦煌诗巾"项目,将涵盖200多种敦煌文化元素的数据库面向用户开放,吸引了超过200万名"云游客"参与设计,既收获了大量可供商业转化的文创作品,又在无形中促成了敦煌文化的大众普及。

2.数字技术带来营销渠道创新

线上空间已成为国内文化休闲消费的重要场景,直播早就成为重要的营销渠道。据《中国网络视听发展报告(2025)》显示,截至2024年12月,我国网络视听用户规模达10.91亿人,网络直播用户规模达8.33亿人,短视频用户规模达10.40亿人。旅游直播的实时性、互动性,增强了消费者的体验感知,有效串联供应商、旅游者与电商平台,实现便捷及时的双向互动。疫情期间,携程

凭借"BOSS 直播"成交总额破 11 亿、产品核销率近 5 成的亮眼成绩,为千家酒店带货超百万间夜。

3.数字技术实现沉浸式营销模式

随着 VR、AR、MR 等沉浸技术在市场的普及,"沉浸式营销"有望成为未来文旅营销的主流方向,产品观览方面,VR、AR 搭配可穿戴设备为游客搭建了更直观的体验场景,将景区要素和产品细节更完整、生动地进行展示,大大增强了游客的"临场感"体验,可用于优化购前决策。同时,从具身体验视角来看,虚拟产品具有的仿真性、丰富性和创新性特征,使游客在"身心一体"的体验过程中生成趣味感、满足感等情感。例如,在携程、飞猪等 OTA 上线的沉浸式酒店看房服务,借助 3D 实景克隆和 VR 投影技术全方位还原酒店实景,为用户打造了自由漫游的产品体验空间。

第六章
乡村研学服务管理

- 服务概述
- 乡村研学基地服务规范
- 乡村研学从业者服务规范

第一节
服务概述

服务活动在人类历史上早已有之,但在19世纪末20世纪初,服务业才作为一个产业在整体上有了迅猛发展。服务被视作一个独立的概念被提出并做系统研究,则是在西方市场营销学兴起的20世纪60年代末。

一、服务的概念

自20世纪60年代开始,市场营销学为界定服务而出现了许多定义,它们或多或少地包含了服务的某些特征,但并没有一个可以被所有学者认可。对服务的理解可以说是一个不断丰富和完善的过程。

1960年,美国营销协会认为,服务是用于出售或者是同产品连在一起出售的活动、利益或满足感。这个定义的缺点是没有完全把有形产品同无形服务区分开来。

1974年,服务营销学者指出"服务是一种特殊的无形活动,它向顾客或工业用户提供所需的满足感,它与其他产品销售和其他服务并无必然联系"。这个定义突出了服务无形性的特点,强调了它的功能是给顾客提供利益和满足感。

之后随着服务业的发展及服务功能的日渐重要,服务定义中所包含的内容也丰富起来。菲利普·科特勒把服务定义为"一方提供给另一方的不可感知且不导致任何所有权转移的活动或利益"。这个定义中突出了服务的无形性和所有权的不可转移,顾客拥有的是暂时的使用权。

二、服务的特点

服务作为一种无形产品,与有形产品相比,有很多特殊性。

(一)无形性

服务的无形性是服务区别于有形产品的根本特征,主要体现在以下几个方面。

1. 存在形态:服务是一个过程而不是一个具体的物体,它无法像有形产品一样被看到、摸到或者持有。服务是由一系列无形的活动所组成,这些活动通常在服务提供者和被服务者之间互动的过程中发生。

2. 感知方式:服务的无形性意味着消费者必须通过感知来体验服务,而这种感知往往是通过服务提供者的行为、态度以及与被服务者的互动中得到的。

3. 质量评价:由于服务的无形性,对服务质量的评价更加主观,依赖于个人的感知和经验。不同的消费者对同一次服务的评价可能会有所不同。

4. 交易方式:服务的无形性使得服务的交易变得更加特殊。消费者在购买服务时无法预先看到服务的结果,而是必须信任服务提供者能够提供满意的服务。

(二)生产与消费的同时性

服务的生产与消费的同时性是服务的另一个重要特征,主要体现在以下几个方面。

1. 同时性:服务的生产过程和消费过程是同时进行的。这意味着服务提供者和服务消费者在时间上具有不可分离性,即服务提供者必须在场提供服务,而消费者也必须在场消费服务。

2. 互动性:由于服务的生产与消费同时进行,服务提供者与消费者之间需要进行实时互动。服务提供者的行为、言语和态度都会影响消费者对服务的感知和评价。

3. 灵活性:服务的生产与消费的同时性意味着服务提供者需要根据消费者

的需求和状况进行实时调整。这要求服务提供者具备较强的灵活性,能够快速应对服务过程中的变化。

4.定制化:服务的生产与消费的同时性也使得服务提供者能够根据消费者的个性化需求进行定制化服务。服务提供者可以根据消费者的需求和偏好,提供更具针对性的服务。

(三)不可转移性

1.所有权不变:服务不同于有形产品,服务的所有权不发生变更。消费者在购买服务后,只是获得服务的暂时使用权,而服务的所有权仍归服务提供者所有。例如,顾客下榻酒店,只是拥有客房的暂时使用权,而不是所有权。

2.必须就地消费:由于服务的不可转移性,消费者必须在服务的提供地直接消费服务。服务的消费过程和生产过程必须同时发生,消费者无法像有形产品一样将服务带走。例如,城市轨道交通服务只能在城市内特定站点提供,乘客只能在相应站点乘坐。

3.定制化服务:服务的不可转移性也意味着服务提供者需要根据消费者的个性化需求进行定制化服务。由于服务的消费必须发生在特定的地点和时间,服务提供者可以更好地了解消费者的需求和偏好,提供更具针对性的服务。

4.共享限制:服务的不可转移性也限制了服务的共享。由于服务必须由消费者直接在现场消费,服务的提供场地和设施有限,无法像有形产品一样可以多人同时使用。这要求服务提供者必须根据消费者的需求合理安排服务的供应时间和数量。

总之,服务的不可转移性影响着服务的所有权、消费方式和提供者的经营策略。服务提供者需要充分利用这一特征,合理安排服务的供应时间和数量,提高服务的定制化和共享效率。

(四)不可储存性

1.时间上:服务的生产和消费是同时进行的,一旦服务被提供出来,如果没有被及时消费,服务就会消失,无法像实物产品那样被储存起来以备未来使用。比如,空房间或空座位如果没有被预订或销售出去,当天的价值就永远地流失了。

2.空间上:服务的不可感知形态以及生产和消费的同时性,使得服务无法像有形产品那样在空间上转移。消费者无法将服务带回家,必须就地消费。

面对消费者需求的高度变化性和库存管理在应对需求波动上的局限性,服务能力的充分利用成为了管理领域中的一大挑战。因此,服务提供商需要采取灵活的经营策略来减少经营损失,并平衡淡旺季之间的需求差异。

三、乡村研学服务

乡村研学服务是依托于当地自然与文化资源的一种将教育、实践、体验和休闲相结合的新型旅游与学习模式,主要服务于各类学校、企事业单位、社会团体以及个人等多元化的客户群体。其核心服务内容包括但不限于以下几个方面。

(一)乡村研学课程设计与开发

研学课程设计与开发是研学服务中最重要的一环。研学旅游教育的关键在于课程,而课程的关键在于设计课程。目前,研学产品普遍存在的问题就是只旅不学,产品缺乏互动性、创新性。实际上就是没有精心设计课程、活动。研学课程设计与开发的开展主体主要有四大类:研学机构、旅行社、教育机构、研学基地(营地)供应商。

乡村研学课程设计,首先需要进行细致的需求分析与目标定位。明确研学对象的年龄层次、知识背景和学习需求,这包括但不限于中小学生、大学生、老年群体以及各类兴趣社团等不同群体。根据这些群体特点设定具体而明确的研学目标,比如提升自然科学素养、传承和弘扬农耕文化、强化环保意识,以及通过团队合作活动锻炼成员的协作能力。

其次是资源调研与主题选定阶段,这一环节至关重要。需要全面深入地挖掘乡村地区的自然资源优势,如丰富的生物多样性、独特的地理地貌,以及人文景观资源,包括古村落建筑、传统民俗文化、农业生产方式等。在此基础上,结合研学目标,精心挑选并确定具有吸引力且切实可行的教学主题,例如"生态农业的科学探索""非物质文化遗产的保护与传承""乡村生态保护实践活动"等,确保课程内容既贴近实际又富有教育意义。

课程结构设计时要兼顾逻辑性和趣味性。比如针对学生群体,可结合学校教育教学大纲,将研学课程与学校课程有机整合,形成完整的学习体系。在课程模块划分方面,可设计理论讲解、实地考察、动手实践和成果展示等多个相互关联的部分,并制定详尽的时间表和活动流程,确保各个教学环节之间紧密衔接,既能系统地传授知识,又能激发参与者的积极性和好奇心。在教学方法与手段的选择上,提倡多元化和互动性的教学策略,如情境教学法、案例教学法及项目式学习等,使学生能够深度参与到课程中来,主动发现问题、解决问题。同时,利用多媒体技术、实物模型演示以及实验工具操作等多样化教学手段,提升教学效果,增强学生的直观感受和实践经验。

最后,还要构建合理的评估与反馈机制。设计包含过程性评价和结果性评价在内的综合评价体系,不仅关注参与者对知识技能的掌握程度,更要重视他们在情感态度、价值观上的变化与发展。建立有效的反馈渠道,及时收集并分析参与者对课程实施的反馈意见,据此不断调整和完善课程设计,以满足不断变化的学习需求和教育环境,确保乡村研学课程始终保持高质量和高适应性。

(二)研学导师教育指导服务

研学导师作为制定和实施研学旅游教育方案,指导学生开展体验活动的专业人员,其提供的教育指导服务是研学活动中的关键一环,其主要职责在于引领、启发和协助学生在研学过程中获取知识、提高技能、培育品格。在研学过程中,研学导师会实地讲解、演示,解答学生疑问,指导学生亲自动手实践,如开展农耕体验、野外观察、非遗传承、科学实验等活动;通过启发式、探究式、合作式等教学方法,引导学生学会自主学习、独立思考和解决问题,培养学生的创新思维和批判性思考能力,并确保学生在研学过程中的安全,提前做好风险评估与应急预案,监督学生遵守安全规则,及时处理各种突发情况;保持与学生、家长和学校的紧密联系,及时反馈学生研学动态,增进家校共识,共同助力学生成长。研学结束后,导师会对学生在活动中的表现进行评估和反馈,帮助学生总结研学成果,进一步明确自身优势与需要改进之处。

(三)安全与健康管理服务

安全服务是研学活动中最重要的组成部分。研学旅游活动涉及参与者的出行、住宿、交通、食品安全等多个方面,而消费者在活动中往往处于相对陌生的环境中,缺乏自我保护能力。因此,安全保障的重要性不可忽视。只有在安全保障得到有效落实的情况下,参与者才能更好地专注于学习和体验,充分发挥研学旅游的教育价值。安全服务具体表现在:首先在前期要对研学基地、活动场地、住宿、交通设施等进行全面的安全隐患排查,确保所有场所符合安全标准。根据活动内容和参与者的年龄特点进行风险评估,制定相应的安全预案。研学基地以及其他承办方应该制定完善的安全管理制度,包括但不限于安全管理责任制度、安全教育培训制度、应急预案制度等。制定详尽的研学活动行为规范,对活动过程中的交通出行、食宿安排、户外活动等环节设定明确的安全要求。要配备专业的研学导师或辅导员,在活动过程中全程陪伴并提供必要的指导和帮助,特别是在涉及农业劳作、野外考察等活动时保证学生的操作安全。研学导师以及基地或营地工作人员应该接受应急处理与救护培训,并在活动现场配备必要的急救设备和药品。设计和演练紧急疏散预案,确保在突发状况下能迅速有序地组织参与者撤离,同时关注参与者的食品安全问题、心理健康问题,保证研学过程中人员的安全与健康。建立有效的信息沟通机制,确保在研学过程中遇到问题能够及时反馈和处理。在条件允许的情况下,采用现代化技术手段,如GPS定位、视频监控等,加强对活动区域及学生的实时监控。制定详细的安全预案,配备必要的安全设备和急救人员,通过以上全方位的安全保障服务,乡村研学活动才能真正做到让参与者安心、放心,从而更好地实现其教育目的。

(四)个性化定制服务

针对不同年龄段(如老年活动组织、青少年学生、大学社团)和特定兴趣爱好（如摄影、绘画、写作、科研课题等）提供个性化的研学课程或活动的设计以及配套的服务。

(五)生活配套服务

研学中的生活配套服务主要指的是交通、住宿、餐饮、医疗等服务,这些是确保研学旅游顺利进行的基础性服务内容。

1.交通服务:包括从出发地到目的地之间的接送服务,以及在研学活动期间根据行程安排所需的交通工具,如校车、旅游大巴等,保证参与团队的顺利安全出行。使用正规、有资质的运输公司提供的车辆,并确保车辆状况良好,驾驶员经验丰富,遵守交通安全规则。根据实际人数合理安排车辆,确保每位师生均有座位,配备必要的安全带和急救包。制订应急预案,应对可能出现的突发情况。

2.住宿服务:为参与研学活动的成员及指导老师提供安全舒适的住宿环境,这可能是在营地、学校宿舍、酒店或者具有当地特色的民宿中安排住宿,确保住宿环境的安全卫生,达到国家相关标准,定期进行设施检查和维护。提供足够的安全保障,如消防设施完备、紧急疏散通道清晰、门窗防护措施到位等。对于集体宿舍或营地,要有合理的管理制度和夜间巡查。

3.餐饮服务:为研学团队提供健康营养、符合食品安全标准的餐饮供应,保证食材新鲜、烹饪过程卫生。可以结合研学地点特色提供地方美食体验,同时需考虑不同学生的饮食习惯和特殊需求,如过敏体质或民族餐食要求等。

4.医疗服务:配备常用药品和急救设备,有随行医护人员或受过急救专业培训的辅导员。了解周边医疗机构位置信息,确保在紧急情况下能快速送医救治。

以上是乡村研学服务应该包括的一些基本服务,具体内容可能因地域、领域、机构而有所不同。

第二节
乡村研学基地服务规范

2019年2月26日,中国旅行社协会与高校毕业生就业协会联合发布了《研学旅行基地(营地)设施与服务规范》(T/CATS002—2019),并随即开始实施。这一文件旨在规范和提升研学旅行基地(营地)的服务质量,为研学旅行基地(营地)提供相对科学、规范的准入条件,并指导旅行社正确选择合格的研学旅行基地(营地)供应商,以确保研学旅行线路产品的服务质量,从而促进研学旅行服务市场的健康发展。本部分主要参照该规范来阐述。

一、乡村研学基地(营地)的概念

《研学旅行基地(营地)设施与服务规范》(T/CATS002—2019)中对研学基地(营地)定义为自身或周边拥有良好的餐饮住宿条件、必备的配套设施,具有独特的研学旅行资源、专业的运营团队、科学的管理制度以及完善的安全保障措施,能够为研学旅行过程中的学生提供良好的学习、实践、生活等活动的场所。而乡村研学基地(营地)显然是设在乡村的,有良好的餐饮住宿条件、必备的配套设施,具有独特的研学旅行资源、专业的运营团队、科学的管理制度以及完善的安全保障措施,能够为乡村研学群体提供良好的学习、实践、生活等活动的场所。

二、乡村研学基地(营地)的设立条件及要求

按照《研学旅行基地(营地)设施与服务规范》中对研学基地(营地)的设立

要求,乡村基地(营地)也应取得工商、卫生、消防、食品、公安、旅游等管理部门颁发的许可经营证照。应具备相应的经营资质和服务能力,并具有法人资质。

(一)场地要求

场地应建设或规划由室内或室外场所构成的专门研学场地或教室,确保学生活动的安全性,基地内景点的游览路线设计应与研学主题或相应景点景观相关。室外研学场地应布局合理的游览路线与完善的交通设施,保证通行顺畅,方便游览与集散。水、电、通信、无线网络等应配套齐全,运行正常。有相应的旅行接待设施、基础配套设施,保证布局合理、环境整洁、安全卫生达标。规模应能满足开展研学旅行活动的需求。具备基本的医疗保障条件,配备有数量适宜的专职医护人员。

基地的选址与设施设计应着重考虑其所蕴含的高观赏价值、历史价值、文化价值或科学价值,确保这些价值在当地具有显著的教育意义,能够吸引研学群体在此进行深入研学。为此,基地应拥有丰富的且能够提供富含知识性、趣味性的体验与互动项目的产品组合,并配置专用的设施和研习交流空间,确保研学群体在轻松愉快的氛围中收获知识与技能。在文化知识普及层面,基地应具备可供宣传教育的基础;在观光游览和休闲度假功能上,则应展现出较高的开发利用价值或广泛的社会影响力。基地的主题设置可围绕科技、文化、历史、革命教育、体育、生物、影视、动漫等领域确定,至少应突出一个主题特色,以增强研学活动的吸引力和教育效果。

此外,基地的研学功能应涵盖多个维度,至少要具备两项教育功能,如团队协作能力培养、动手实践能力锻炼、自理自立能力提升、纪律约束能力养成,以及传统文化教育、传统民俗展示、爱国主义教育、科技知识教育、生态文明教育、体能训练等内容,以全面满足各类研学活动的多样化需求,助力研学群体全面发展。

(二)专业人员配备

为了确保研学旅行活动的高质量运行与安全有序,基地(营地)应当组建一支由专职与兼职人员紧密结合、队伍稳定性强的研学旅行指导师团队。该团队应包含至少三名专职指导师,他们须持有省级及以上行政主管部门或专业社会组织颁发的研学旅行指导师职业证书,兼职指导师的选择应紧密围绕研学课程的具体内容,确保他们具备与之相匹配的专业知识和技能。对于每一场研学旅行活动,必须设立一名项目组长,全程随行,负责统筹协调研学活动。为了保障学生的安全,应严格按照不低于每三十名学生配备一名安全员的标准,为每支团队配置充足的安全员队伍。他们将在旅途中负责实施安全教育、进行风险识别与防控工作,为学生营造一个安心的学习环境。

在研学旅行指导师配置上,同样遵循高标准原则,确保每三十名学生至少有一位经过专业机构认证、具备专业资质的专兼职研学旅行指导师负责指导。指导师需负责制订详尽的研学旅行教育工作计划,提供优质研学旅行教育服务。另外,基地(营地)应指派至少1名具有中高级管理职务的人员参加专业培训并通过考核,担任基地(营地)内审员。内审员肩负着重要职责,须严格遵循既定的标准与工作要求,对基地(营地)的各项操作进行全面的合规性审查。一旦发现任何不符合规定的问题,内审员将立即向基地(营地)管理层提出,并督促其迅速采取有效措施进行整改,以确保基地(营地)的持续合规运营。为了进一步提升基地(营地)的教育质量与服务水平,建立全员培训制度显得尤为关键。该制度旨在鼓励专兼职研学旅行指导师不断追求卓越,通过跨学科、跨专业的进修学习,拓宽视野,深化专业理解。提升他们的观察能力、研究能力以及指导学生的能力,从而培养出一支综合素质高、能够应对复杂教育挑战的综合性研学旅行指导师队伍,为学生的全面发展提供坚实保障。

(三)服务人员要求

基地(营地)应当配置足够数量的专业服务人员,以满足不同学生群体的研学旅行需求,确保服务人员与学生数量形成适当比例,为学生提供全方位、高品质的相关配套服务。这些服务人员须严格遵守服务时间规定,始终坚守岗位,展现出文明礼仪和热情洋溢的服务态度。所有服务人员都应具备基础的医学知识和应对自然灾害等突发情况的应急常识,熟知基地内部的医疗服务点位置,确保在紧急情况下,不仅能进行自我保护,还能迅速有效地协助游客进行避险撤离。此外,服务人员还需掌握基本的法律知识,尊重并了解不同宗教信仰和民族习俗,以确保在接待来自不同背景的学生时,能够做到尊重差异、避免冲突,创造和谐包容的研学环境。

为了持续提升服务质量,基地(营地)应对全体服务人员进行专业岗位培训,并鼓励他们每年至少参加一次相关领域的专业进修培训,确保服务人员熟练掌握本职岗位所需的专业知识和技能,从而更好地服务于各类研学旅行活动。

(四)环境与卫生条件

基地(营地)环境空气质量与声环境质量应严格遵循国家标准GB 3095—2012的规定,确保空气质量良好、声环境适宜。生活饮用水品质须严格遵守GB 5749—2006的国家安全饮用水标准,保障水源充足、取用便利、管理规范且安全可靠。餐厅的卫生环境应遵照GB 16153—1996的标准,餐饮食品的准备、供应及餐具消毒环节必须符合GB 14934—2016的卫生要求。洗浴设施亦应达到GB 9665规定的卫生标准,确保整体服务环境的清洁与卫生。污水排放则必须符合GB 8978的标准,以防止对环境造成污染。厕所设施的设计、建设和管理应满足GB/T 18973—2016的要求,最低标准应达到二星级,并且其指示标志需符合GB/T 19095—2008的统一标准。在基地内,垃圾桶的数量与布局应合理规划,标识清晰易识别,实行垃圾分类,确保垃圾及时清理,与周围环境和谐共生,无积存现象,杜绝环境污染。

同时,基地应建立健全传染病预防体系,并严格遵守相关的卫生防疫规定。气象服务应确保信息的及时性与准确性,对雨雪、雷电以及潜在灾害性天气要及时预警,提供充分的防范准备。在卫生与医疗服务领域,基地需建立健全管理体系与应急响应机制,明确各项操作规程与应对措施,实施定期的环境卫生检查制度,保障场所的清洁、卫生与安全。所有服务人员需按照行业规定进行健康体检,确保个人卫生达到行业标准要求。通过这一系列高标准的执行,基地将为用户提供一个安全、健康、舒适的研学环境。

三、乡村研学基地(营地)教育服务规范

在课程要求方面,各类课程的规划与设置应由中小学及中高等教育院校携手相关教育主管部门共同完成,制定翔实的课程设计方案并确保每一环节均有迹可循。基于基地独特的主题,要精心编制研学旅行解说教育大纲,充分体现本地的资源优势与文化特性,确保课程内容与所在地的实际情况紧密相连。

在课程设计上,需紧密衔接学校常规教育体系,设定清晰的学习目标,既巩固基础知识,又凸显课程主题的独特性与深远教育价值。研学课程尤其应成为核心价值观培育的重要载体,深度融合理想信念的塑造、爱国主义情感的激发、革命传统的弘扬、国情省情的认知、文化传统的传承以及学科知识的实践应用,形成多元化、立体化的教育内容体系,以期在研学中实现学生综合素质的全面提升。针对不同年龄段的学生群体,应当设计适用且富有针对性的研学教材,教材内容应编排得当,兼顾教育性与实践性,确保课程既有扎实的理论基础,又有丰富的实践体验。

在课程体系方面,课程体系构建应紧密贴合学生的现实生活体验与个人发展需求,从现实情境中提炼学习主题,巧妙转化为富有实践意义的活动,通过探究式学习、动手制作、亲身体验等多元化的教学模式,全方位促进学生综合素养的提升。课程内容应深度聚焦于以下能力的强化(至少一种)。1.体能与生存技能培育:设计以增强学生体能、提高生存与自救能力为核心的实践课程,如徒步探险、野外露营、拓展训练等,让学生在挑战自然的过程中学会自我保护、团队协作与逆境生存的技能。2.自理与动手能力培养:注重提升学生的自我管理能力与实际操作能力,通过开设综合实践课程、生活体验训练、内务管理指导、手工制作工坊等项目,让学生在日常生活的点滴中学会自理,激发创造潜能,提升动手能力。3.文化传承与爱国主义教育:以弘扬中华民族优秀传统文化、历史记忆及红色爱国主义情感为主线,组织丰富多彩的参观考察、专家讲座、经典诵读、主题阅读等活动,让学生在沉浸式的学习体验中,深刻理解和认同本土文化,增强民族自豪感和爱国情怀。4.情感能力与纪律养成:设计一系列旨在培养学生思想品德、情感交往能力和纪律约束意识的教育活动。

如团队游戏、情感互动环节、才艺展示平台等,通过这些活动,学生能够学会有效沟通、情绪管理,并在团队合作中增强纪律性与协作精神,促进良好人际关系的建立。5.观察力与科学素养的培养:为提升学生的观察敏锐度和科学素养,课程体系应安排参观自然生态保护区、科学实验室、博物馆及科研机构等实践活动。在这些活动中,鼓励学生亲身体验、细致观察,结合专业讲解与引导,激发学生对自然现象的好奇心,增长科学知识,培养严谨的科学思维方式和解决问题的能力。整个课程体系的建构应当科学严谨、结构完整且内容丰富多样,其中教材与解说词的内容应符合国家相关教育标准与要求,做到规范严谨,以确保研学旅行活动的质量与效果。

与此同时,应建立健全课程教研制度,配齐专兼职研学活动教研员,对课程实施过程中出现的问题进行及时分析与解决,不断优化课程设计与实施策略,从而有效提升课程实施的质量与效果。通过这一课程体系的构建与实施,力求在实践活动中全面锤炼学生的各项核心素养与关键能力。

在课程安排上,务必紧密衔接教育部门既定的教育教学计划,深入考量目标学生所处的学龄段特征及其所处的地域文化特色,从而科学规划并灵活调整研学课程及其相关配套活动。这不仅需要确保课程的系统性和连贯性,还要使课程更具针对性和吸引力。

在研学旅行开展之前,基地应基于实际情况,指导学生做好充分的准备工作,并提前与家长沟通,明确告知此次研学课程的具体内容和目的。这种透明的沟通方式有助于增强家长对研学旅行的理解和支持,同时也有助于学生更好地参与研学活动。

为确保学生在研学旅行中获得充足的体验和学习,《研学旅行基地(营地)设施与服务规范》(T/CATS002—2019)也对不同学龄段的学生规定了相应的体验教育课程时间:小学阶段的学生体验课程时间应不少于60分钟,初中阶段的学生增加至不少于90分钟的课程时间,而高中阶段的学生体验课程时间则应不少于120分钟。这样的安排旨在确保学生有足够的时间去深入体验和学习。

在研学旅行过程中,我们将组织学生积极参与各种教育课程项目,并指导学生撰写研学日记或调查报告。这不仅有助于学生对研学活动的深入思考和总结，还能培养学生的观察、分析和表达能力。

研学旅行结束后，我们将组织学生进行心得体会的分享，如组织征文展示、分享交流会等。这种活动不仅能够促进学生之间的交流和合作，还有助于提高学生的表达能力和自我认识。

同时，在研学课程实际执行过程中，基地的研学旅行指导师将全程随同，并与随团教师紧密协作，共同为学生提供精准、适时的指导。学生作为活动的主体，可以根据自身兴趣与实际需要，灵活调整活动的目标设定、内容选择、组织方式、实施方法以及具体步骤，促进活动的持续深化与个性化发展。这种灵活性和自主性有助于培养学生的创新思维和解决问题的能力。

最后，课程的设计与实施应有利于教育机构采用质性评价方式，即将学生在研学活动中的各种表现和活动成果整合起来，进行全面的评价。这种评价方式不仅能够反映学生的综合能力和素质，还有助于教育机构对课程效果进行科学的评估和改进。

四、乡村研学基地（营地）设施服务规范

（一）教育设施规范

基地（营地）规划教育设施时，应当充分考虑研学教育的主题差异以及学生年龄层次的不同需求，针对性地提供适宜的研学场地与设施配置。比如，针对特定的研学旅行教育服务项目，需要预先配备与之相符的教学辅助设施，包括但不限于电脑设备、多媒体教学系统、专业实验室及各类教学用具等，以确保教学活动的顺利开展和教学质量的提升。

同时，为了满足不同类型的研学旅行课程需求，教育设施应涵盖多元化的功能区域，提供丰富的演示、体验和实践设施，让学生能够在亲自动手操作与互动体验中深化理论学习，增强实践能力和创新意识。总之，要实现教育设施与研学课程内容的深度融合，为学生打造全方位、立体化、个性化的研学环境。

(二)导览设施规范

导览设施旨在为研学群体提供清晰、准确且便捷的信息指引与安全保障。在实际规划与建设中,应当全面覆盖以下几个关键点:首先,应提供完整的全景导览图及相关线路标识,详尽展示基地内全貌、功能分布、游览路径以及重要地理位置;在基础服务设施如公共厕所、餐饮店、购物店和住宿区域,都应醒目设置服务指示标识,便于研学群体快速找到并利用这些服务设施。其次,对于内外部交通引导方面,应在入口、主要道路交通交会处、内部步行道以及停车场设置清晰的交通导览设施,确保研学群体能够顺畅进出基地(营地)。最后,为保障研学群体的人身安全,必须在医疗救助点、存在潜在危险的地段、紧急安全疏散通道等位置安装警示与导引标识,并设置质量投诉渠道标识,方便研学群体在遇到问题时及时寻求帮助或反馈意见。

(三)配套设施规范

配套设施的规划与建设是提升研学旅行基地服务质量的关键要素之一,其中,餐厅设施尤其重要。选址需基于科学分析和合理布局,确保餐厅面积和就餐设施能够满足不同时间段、不同规模团队的接待需求;若服务于学生群体,则提倡设立专门的学生食堂,推行营养均衡的配餐规范,并严格遵守食品安全规定,确保用餐环境干净卫生、服务高效快捷。所有餐饮服务人员须定期接受体检,并持有有效的健康证明方可上岗。

在交通配套方面,基地(营地)应具备便利的外部交通条件,应有县级以上的直达公路连接,并设有醒目的站牌指示。内部交通系统设计应注重安全性与流畅性,确保行人和车辆通行无阻。提供的交通工具应设施完备且维护良好,优先选用绿色清洁能源。停车场及游步道等旅游交通设施应严格遵循《风景旅游道路及其游憩服务设施要求》(LB/T 025—2013)的相关标准。

住宿设施同样至关重要,选址布局要兼顾科学性和实用性,便于集中管理和监控。学生宿舍内应配备完善的沐浴设施、舒适稳固的床铺及床上用品、个人存储柜等基本生活设施。对于酒店类住宿,其总体服务质量与安全管理则须达到国家行业标准《旅游饭店星级的划分与评定》(GB/T 14308—2010)的要求。集体住宿区域应严格执行性别区分,确保设施安全可靠,环境卫生整洁。

此外，还建议设立野外露营点，选址务必科学合理，符合户外营地建设国家标准《休闲露营地建设与服务规定——第三部分：帐篷露营地》(GB/T 31710.3—2015)的规定，以满足多元化的住宿体验需求。

（四）安全设施规范

基地(营地)及其食宿合作单位在安全设施配备方面须严格遵守相关标准和要求，确保设施配置全面且运行有效。

第一，各类安全设施需一应俱全，涵盖但不限于流量监控系统、应急照明灯具、全套应急救援工具和设备以及应对突发事件的处置设施。所有设施均需设置清晰醒目的标识，包括但不限于疏散通道指示、各类安全警示及操作指引标识，以便于人员快速识别并采取恰当行动。应符合《消防应急照明和疏散指示系统》(GB 17945—2010)的要求。

第二，基地(营地)各出入口及其他关键通道和区域均需配备并持续运行电子监控系统，该系统需实现24小时不间断、无死角的视频监控覆盖，保障监控画面的清晰与实时性。同时，确保电子监控系统的稳定运行，所有录像资料均需妥善保存，以备追溯查证。

第三，基地(营地)内明令禁止储存易燃、易爆、腐蚀性或其他可能危害安全的物品，从源头上杜绝安全隐患。基地(营地)内部结构设计时已规划设置专门的安全和紧急避险通道，并保证消防通道畅通，确保在紧急情况下人员能够迅速而有序地撤离。消防安全标识完整、清晰，位置醒目并配以必要的消防器材如消防栓、灭火器、安全锤等，保证防火设备齐备、有效。应设有治安机构或治安联防点，与周边公安、消防等机构有应急联动机制。基地(营地)内基础救护设备应齐备完好，应与周边医院有联动救治机制。

第四，对于大型活动场所，其安全通道和消防设备的日常管理尤为重要，须指派专人负责设施的维护与检查，保证这些设施随时处于良好状态且能有效投入使用。游览娱乐设施的使用及维护应符合《大型游乐设施安全规范》(GB 8408—2008)的要求。

第五，住宿场所不仅需要有专职管理人员关注研学群体的安全问题，还应安排保安人员执行24小时值班巡逻制度，双重保障研学群体的财产安全和人身安全不受侵害。

综上所述，基地及合作单位在整体安全管理体系中，对各类安全设施的建设和管理秉持高标准严要求，以切实保障所有人员的生命财产安全。

五、乡村研学基地（营地）安全管理规范

在研学旅行活动中，安全管理是核心环节之一，须构建完善的安全预警机制和应急预案，形成一套科学高效的保障体系，坚决贯彻执行安全主体责任。

第一，必须实施精准的安全教育与培训项目，旨在使研学参与者全面理解并掌握所有安全规章制度，同时精通个人防护、自救以及互救的必备知识与实操技能。

第二，建立健全安全责任明确划分机制，通过与学生监护人、合作企业或机构签订正式的安全责任协议，清晰界定各自在研学旅行活动中的安全职责范围，确保责任到人，有效预防并应对潜在安全风险。

第三，在组织架构层面，应成立专项安全管理机构，构建一套完善的安全管理体系。此体系需确立详尽的安全事故报告流程。同时，配置专业的安全管理人员及巡查小组，实施定期与不定期相结合的安全检查制度以及持续性的安全知识教育与实操培训，以增强全员安全意识与应对能力。为有效分散风险，组织方应为参与研学旅行的学生投保覆盖基地活动范围的公共责任险，并根据活动特色，积极推荐或协助学生选购补充性的特色保险产品，以提供更为全面的保障。同时，要构建并强化服务质量监督与保障体系，该体系需明确界定服务质量标准，细化岗位责任制度，确保研学旅行的每一个环节都能达到既定的服务品质要求，从而为学生提供安全、优质的学习体验，以确保服务质量和学生权益得到有效保障。另外，完善投诉与处理机制，确保投诉能够得到及时、公正、妥善解决，做到处理过程公开透明，全程留痕存档。

第四，对研学基地的基础设施要加强日常管理，建立严格的检查、维护、保养、修缮、更换等工作制度，确保设施始终处于良好运行状态。

第五，建议组建一支由专职、兼职人员和志愿者共同组成的多元化安全管理队伍，以结构合理、分工明确的方式强化基地的安全管理工作，全方位保障研学旅行活动安全、有序、高效地开展。

第三节
乡村研学从业者服务规范

2016年,国家旅游局发布的《研学旅行服务规范》(LB/T054—2016)中规定,研学活动中的人员配置包括带队教师、安全员、研学导师、导游人员等。除此之外,乡村研学从业者还应包括为研学活动提供服务和保障的营地基地工作人员、农庄合作方、餐饮服务人员、交通驾驶员等。这些乡村研学从业者作为连接城市与乡村、教育与实践的重要角色,其服务规范的重要性不言而喻。本文参照一些省市发布的《旅游景区从业人员服务规范》及武汉市地方标准《中小学生研学旅行》等,总结了乡村研学从业人员的服务规范,以确保服务的专业性和安全性。

一、乡村研学从业人员基本要求

(一)职业道德

1. 热爱祖国、遵纪守法。
2. 爱岗敬业、诚实守信。
3. 关爱学生,尊重参与者的民族习俗、宗教信仰。
4. 遵守行业与所属单位的规章制度和工作纪律。

(二)业务素质

1. 具备相应的文化水平,熟练掌握各岗位专业知识、工作流程和服务技能,符合行业岗位从业资格要求。

2.熟悉乡村研学的基本流程。

3.具备较好的口头语言表达能力、沟通能力和应变能力。

4.熟知各类应急事件处置方案。

(三)形象要求

1.各类从业人员应按规定着装上岗。

2.仪表仪容利落大方,女性淡妆上岗,不佩戴复杂饰物。

3.精神状态饱满,不得出现敷衍情绪。

4.主动问候,称呼得当,热情迎送。

5.解答参与者提出的问题,态度诚恳、耐心细致。

6.对生病或残障人士等特殊人员给予关照。

7.友好礼让,主动为游客让路。

8.语调亲切,语速适中,表述清楚。

9.用语文明、使用标准普通话。

10.动作、手势规范到位,形体舒展大方,规范得体。

11.站姿、坐姿和行姿自然得体,符合规范。

以上是所有乡村研学从业人员都应遵循的基本服务规范要求。对于餐饮服务人员、交通驾驶员、导游人员等在业内都有相应的服务规范。本部分主要对研学活动实施的关键者——研学导师的服务规范进行说明。

二、研学导师服务规范

(一)研学导师的概念

《研学旅行服务规范》(LB/T054—2016)明确规范了"研学导师"这一专业术语,并对其概念做了解释。研学导师是在研学旅行过程中,具体制定或实施研学旅行教育方案,指导学生开展各类体验活动的专业人员。也就是说,在研学旅行过程中,研学导师不仅负责带领并管理学生团队,还要精心策划与组织各类活动,传授知识的同时有效引导学生深入探索和思考。所以,研学导师既要提供导游相关服务,还要提供研学旅行教育教学服务,是研学实践工作的核心人物。

(二)研学导师职业规范

研学导师职业规范除了遵守前述的爱国守法、敬业守信、关爱尊重学生,作为一个教育工作者,还应遵守立德树人的职业规范。工作中要时刻以身作则,诲人不倦,举止文明。

(三)专业素养

研学导师应理解国家研学旅行课程性质、重要意义、课程目标、基本原则、主要任务和实施保障等内容。研学导师应了解《中华人民共和国教育法》《中华人民共和国教师法》《中华人民共和国未成年人保护法》等法律法规内容。研学导师还应具有扎实的专业知识和组织管理能力以及开发研学旅行课程资源、建设精品课程的能力。

每一位乡村研学从业者都应具备高度的责任心和服务意识,以学生的身心健康、知识获取和综合能力提升为目标,共同营造一个安全、和谐、充满活力的学习生活环境。同时,他们还需不断更新知识结构,提高专业素养,紧跟时代发展需求,以满足不断提升的研学服务质量要求。

第七章
乡村研学设计方案范例及分析

- 案例1　许孩子一年时间,与黄瓜山共成长
- 案例2　傍水寻古镇之遗,携诗悟濯水之魂
- 案例3　跟着世遗阅大足,鲤鱼添彩学新知

本部分选择三个参赛获奖作品,分别作为乡村研学活动设计、乡村研学课程设计和乡村研学线路设计的典型案例,并对案例进行产品类型、资源利用、创意赋能、营销方式等方面的评价和分析,期望能给乡村研学目的地以及研学企业等主体在乡村研学设计和运营方面提供借鉴和参考。

案例1
许孩子一年时间,与黄瓜山共成长

案例说明

本案例是2021年首届重庆大学生乡村振兴创意大赛获三等奖作品,比赛要求围绕重庆市永川区黄瓜山开展创意设计,作品以"乡村民宿+研学"为主题,展开研学活动设计,形成"许孩子一年时间,与黄瓜山共成长——黄瓜山梨院'四季物语'亲子旅居研学旅行产品"方案。

一、方案思路

最好的亲子关系,不是"教孩子长大",而是"和孩子一起成长"。最好的乡村度假,不是"游居分离",而是"入住最有特色的乡村民宿,体验最接地气的乡村生活"。在永川黄瓜山梨院民宿,我们给您最惬意的乡居体验,带孩子通过劳动来感受最真实的成长。

这是一次回归自然的探索,是家长、孩子与自然万物的创造性对话,是"忽如一夜春风来,千树万树梨花开"的春光,是"绿树阴浓夏日长,楼台倒影入池塘"的凉夏,是"春种一粒粟,秋收万颗子"的秋拾,是"一条藤径绿,梨院冬日暖"的冬藏。

这是一次尽情享受诗情画意的乡村生活的旅居,土夯、石砌的乡土院落,处处透露出用心的乡居布置，热情专业的民宿管家，精心设计的乡村自然人文课程。白天和孩子享受太阳的拥抱；夜里，枕着月儿，和孩子一起细数天上的繁星。

立足于重庆永川黄瓜山精品民宿梨院的"黄瓜山梨院'四季物语'亲子旅居"研学旅行产品深层次展现乡村生活，改变了乡村民宿体验的单调性；打破乡村旅游一贯在时间和空间上的隔断，打造出一条贯穿四季的研学旅行线路，在这里家长可以选择一条大线路，与孩子携手走过"春夏秋冬"，也可以选择某一个季节，留下与孩子共同成长的足迹。

二、方案背景

(一)国家政策

1. 劳动教育的大背景：党的十八大以来，习近平总书记多次礼赞劳动创造，讴歌劳模精神、劳动精神、工匠精神。加强儿童劳动教育、培养劳动意识，厚植劳动情怀，以劳立德、以劳促智、以劳强体、以劳育美，促进学生的全面发展已经成为社会共识。

2. 亲子游的大力发展：2011年11月，中国各地全面实施"双独二孩"政策。2021年5月31日三孩政策全面开放，使家庭人口数量继续扩大。而家庭对于孩子的教育问题也十分重视，家庭出游的比率增高，使得亲子游已成为旅游市场的重要部分。

3. 乡村民宿+亲子研学的融合大有可为：国家鼓励乡村民宿的转型和研学旅行的发展，出台多项政策支持。亲子友好型乡村民宿，一定"有特色，有情怀，烙印成长"，引入"乡村民宿+亲子研学"必定是乡村民宿在高竞争态势下必须走的一条路。

(二)旅游资源

重庆永川黄瓜山因像一条黄瓜而得名，海拔高度600米左右，山上森林覆盖面积80%，有林场上万亩，有国家森林公园之称，是国家级农业生态旅游示范点之一。这里自然环境优美,气候温和,已经建成了春可赏花、夏可品果的5万余亩成片梨园。

梨院位于黄瓜山上,藏身在梨花深处,是2020年开业的一家乡村精品民宿。院子夯土石砌,典型的巴渝民居,散发着亲切而质朴的乡土气息。屋内布置处处透露出用心。站在窗台前,便可将远近花海、鸟语竹涛收进眼底。

(三)市场分析

从产业发展角度来看,乡村民宿面临市场竞争激烈、宾客却重新转向远途游的运营压力,必须开拓新的发展道路;从情感需求角度来看,家长繁忙的工作和孩子繁重的学业导致亲子共处时间减少,家长越来越重视在旅行中培养良好的亲子关系;从教育需求角度来看,研学旅行纳入教育体系,"游中学,学中游"越来越受欢迎;从出行需求角度来看,周末游、短途自驾游日益火爆,适合亲子旅游;从人口背景角度来看,二孩甚至三孩家庭日益普遍,市场继续扩容。

三、方案目的

(一)"民宿+研学"走出创新之路

地域文化特色的融合是促进乡村民宿高质量发展的新途径,亲子市场的爆炸式发展是乡村民宿转型升级的新需要。

该方案充分挖掘梨院及所在的黄瓜山乡村地域文化,增加民宿收益,并能提升亲子宾客的深层文化体验,从而提高宾客的满意度,更有利于梨院建立独特的品牌标识,从而应对民宿激烈竞争,走出创新之路。

(二)增进亲子情感

父母对于孩子人生的陪伴与教育是无可替代的。该方案通过父母与孩子的共同参与和相互帮助,来增进孩子与父母之间的交流沟通,让孩子更信赖父母,增进父母与孩子的感情。

(三)帮助孩子学习和启发智慧

青少年正是思想萌芽和发展的关键时期,他们对于知识,对于大自然有一种天然的探索本能。来到这里,让孩子们见识到新事物,学习到新知识,刺激孩子们求知和探索自然的欲望,帮助孩子们更好成长。

(四)亲子双方各得其所

家长获得最惬意的乡居体验,孩子体会到求知、创造和成功的欢乐。

四、目标客户

梨院的入住宾客,可扩展到梨院周边农家乐入住的宾客。
主要客源:永川区及周边区县3~12岁亲子家庭。

五、方案简介

春:有花的地方就有诗,有人说诗是童话,而孩子正恰好是读诗的人。来到黄瓜山看到这漫山梨花,那诗便来自花中。我在梨园看花,而看花的人正在看我。

夏:小时候总会读到,小荷才露尖尖角,早有蜻蜓立上头,那便是夏天了。到了夏天,我想和最亲近的人在这阳光灿烂的池塘嬉笑采莲,闻花香、数莲子,或是晚上,我们还可以一起坐在草地上仰望烂漫星空,拥抱徐徐清风,静听鸟语蝉鸣,说着只给您听的稚嫩的悄悄话。

秋:那片金黄的稻田,隔着老远都能嗅到稻谷的清香,原来这便是秋天的果实。我想,同爸爸妈妈在这片可爱的稻田里迎着风,唱着歌,一定是极美好的事情。我们先从收稻子开始吧!

冬:冬天好似什么都没有,但又好似什么都有,因为我们在黄瓜村,这里总会给你惊喜。在梨院这热闹的院落,带着孩子同小动物们一起玩耍。冬季也是杀年猪的季节,刨猪汤这一民间特色菜,在这冬日里一定特别暖胃吧。

六、方案特色

春夏秋冬四季线路,尽赏美宿美村;

花果稻畜万物探索,尽享自然馈赠;

食育诗歌手工体能,践行生活即教育;

放下手机全心陪伴,难忘的亲子时光;

春种夏长秋收冬藏,我与自然共成长!

七、详细方案

(一)春种一粒粟——漫花里种诗

表7-1 春种一粒粟——漫花里种诗

日期	行程安排及活动	用餐	住宿
春种一粒粟——漫花里种诗
Day 1	1.上午 (1)梨院的欢迎仪式 (2)活动1:千树万树梨花开 观赏中华梨园的梨花,每个家庭认养一棵梨树,并进行栽种(梨树后期的果实可邮寄至每个家庭) 2.下午 活动2:田间的惊喜 田园基地育苗:育玉米苗,育红薯苗,育水稻苗。 3.晚上 活动3(破冰活动):梨花广场篝火晚会促进各个家庭的了解	午餐:梨院的农家宴 晚餐:梨院鲜食DIY	梨院(可选房间或帐篷)
Day 2	1.上午 活动1:寻找桃花源 游览桃花源,观赏桃花,与孩子一起制作桃花酿。 2.下午 活动2:开展花间舞系列活动 (1)草坪放风筝、观云台观日落看云卷云舒 (2)以花、播种作物为诗眼进行家庭飞花令	午餐:桃花源山庄	/

（二）绿荫夏日长——耕耘中生长

表7-2　绿荫夏日长——耕耘中生长

\multicolumn{4}{c}{绿荫夏日长——耕耘中生长}
日期	行程安排及活动	用餐	住宿
Day 1	1.上午 活动1：小荷才露尖尖角 观赏十里荷花园荷花，与孩子一起采莲，制作莲子羹。 2.下午 活动2：但令逢采摘 活动路线为"郑清葡萄园—梨园—桃花源—蓝莓园"，沿线采摘与品尝葡萄、桃子、梨子、蓝莓，与村民一起制作桃子饮品、梨膏、蓝莓酱、葡萄酒等。 3.晚上（根据情况可二选一） 活动3：梨院泳池派对 活动4：三生三世十里荷花话剧表演（以荷花的成长过程来寓意人的一生）	午餐：荷花宴 晚餐：梨院自助烧烤	梨院（可选房间或帐篷）
Day 2	1.上午 活动1：一叶扁舟似成长 成长的重量在卫星湖水上娱乐世界泛舟比赛中体现，有家庭集体力量，有孩子渴望获得胜利的力量。 2.下午 活动2：田园的耕耘 （1）水稻田里插秧忙 （2）了解朴门永续自然农法：赤脚走在田埂上，感受大地的温度，听村民讲解插秧的技巧，发装备，拔秧苗，插秧。	午餐：卫星湖国际旅游度假村——品尝特色美食星湖鱼、山椒乌鱼、各类麻辣鱼等。	/

(三)秋收万颗子——稻田里高歌

表7-3　秋收万颗子——稻田里高歌

日期	行程安排及活动	用餐	住宿
	秋收万颗子——稻田里高歌		
Day 1	1.上午 活动1:稻花香里说丰年 (1)我与水稻比高矮:了解自己的身体,如何用身体做尺寸,用身体量一量水稻的高矮 (2)稻花香里说丰年:村民科普农耕工具,一起体验收割、打谷子 2.下午 活动2:听取欢声一片 (1)挖红薯、摘苞谷、捉稻田鱼,享受土地的馈赠 (2)千变万化捏泥吧(制作泥巴小雕塑) 3.晚上 活动3:稻田里的音乐会(亲子卡拉OK与蛙声鸟鸣的合唱)	午餐:田野里的大地餐桌(跟随村民送到田里的农家饭) 晚餐:梨院新米宴	梨院(可选房间或帐篷)
Day 2	1.上午 活动1:夺宝奇兵 寻找象鼻嘴岩洞里存放的黄瓜山特色作物卡片进行寻宝活动,浅水区池塘打捞漂流瓶获得作物加倍卡(寻到的可带回家) 2.下午 活动2:我是带货小能手 梨院里,化身小主播,网络带货(售卖黄瓜山特产)	午餐:象鼻嘴生态园——象鼻嘴鱼	/

(四)梨院冬日暖——万物中收藏

表7-4 梨院冬日暖——万物中收藏

日期	行程安排及活动	用餐	住宿
Day 1	1.上午 活动1:奇心似箭 黄瓜山狩猎场,了解小鸡生长过程,认养一只小鸡,捡鸡蛋,学习射箭。 2.下午 活动2:植物的智慧 科技大观园科普活动,开展管道水培草莓、无土栽培番茄树、空中红薯等项目的学习了解,认识特色瓜果蔬菜,寻找食材制作晚餐 3.晚上 活动3:在梨院用寻得的食材制作特色西餐	午餐:狩猎场柴火鸡 晚餐:在梨院用寻得的食材制作特色西餐	梨院(可选房间或帐篷)
Day 2	1.上午 活动1:四季收藏 (1)参观黄家岩洞,可收藏每个季节的适宜作物如春天的桃花酿女儿酒、夏天的葡萄酒、秋天的红薯等 (2)动手尝试腌制腊肉、包皮蛋、做咸鸭蛋等活动 (3)父母和孩子各给对方写一封一年收获和来年期待的信,埋入洞中,期待来年活动开启。 2.下午 活动2:甜蜜物语 草莓基地采摘草莓,用草莓和鸡蛋等DIY烘焙。	梨院——刨猪汤	/

八、方案线路图(略)

九、景点介绍(略)

十、方案可行性分析

(一)基础设施

黄瓜山村是一个生态化的旅游乡村,其乡村旅游已经发展了十余年,具有一定的旅游接待基础。梨院是黄瓜山上为数不多的精品民宿,特色鲜明,可以说有不少游客是因为去梨院入住而认知黄瓜山。

(二)旅游资源

黄瓜山村是一个纯天然的旅游乡村,乡村风貌保存完好,春天百花争艳,夏天荷塘夜色,秋天金麦飘香,冬天农家藏暖,特色鲜明。

(三)客源市场

城市发展节奏快,父母对于孩子的陪伴不太多,但是又重视孩子的教育问题。因此黄瓜山村不但能够让父母和孩子寻到一片安静的田园,还能在跟孩子游玩的同时,给予孩子成长的教育,增进双方感情。

(四)研学时间

此次研学线路是根据春夏秋冬四季开展的,不局限和固定于某一季节,一年四季都可以开展,因此在时间上有更多的选择性。

(五)交通

此条线路主要针对的是永川周边和重庆主城区的亲子家庭。从主城区自驾到梨院只需一个半小时,从重庆北站坐火车—瓦子铺汽车客运站/公交站(507路)—黄瓜山中华梨村公交站需2小时31分。从永川出发自驾只需要半个小时,公交需要一小时 28 分,交通便捷。

(六)价格

研学产品考虑到大众的受用性,为在城市里生活的普通亲子家庭而设定,两日游的价格控制在 1 000~1 500 元左右(两大一小家庭),让普通的亲子家庭都能够参与。

十一、营销方案

(一)面对面营销

放学时间,到小学门口与家长进行面对面营销。可顺带推广黄瓜山特产,如土鸡、鸡蛋、梨、梨膏、生姜、葡萄、猕猴桃、草莓、新米等。

(二)新闻媒介宣传

"民宿+研学"是推动乡村民宿转型的方式,一定会受到国家政策的支持和媒体的关注,争取在永川国际茶文化旅游节等成熟节会、中国西部研学论坛等成熟展会、重庆交通广播等媒体宣传推广。争取到永川的重庆文理学院、重大城市科技学院等高校旅游相关专业的人才支持,在研学导师培养、活动策划、线路优化方面提供有力支持。

(三)网络营销

智慧旅游时代为旅游市场带来机遇,本研学产品应该充分利用社会化媒体和 OTA 平台,如公众号、微博、微信、抖音等社交平台,进行个性化推广。

(四)加强与教育机构、校园合作营销

与教育机构联合举办研学活动,进行课程联合售卖,进入校园开展亲子研学讲座,普及亲子研学在孩子成长中的意义。

十二、研学师资保障

为了保障研学活动的顺利进行,该研学旅行产品只在周末和节假日开展,并采用预约制(至少提前1天预约)。

为保障收益,该研学产品主要面向梨院入住宾客,同时也兼收黄瓜山各家民宿、农家乐的入住宾客。

(一)全程带队辅导

每团2~5个家庭。每团配备研学导师1名:

(1)负责课程细节的落实

(2)负责课程讲解

(3)负责活动所需材料的安排

(4)安排整个课程导览转场

(5)负责纪律和安全保障

(6)提供车辆租赁和代驾服务(额外付费)

研学导师可以为梨院民宿的固定员工,也可以与永川高校联合培养,组建固定的研学课程团队,学生在周末、节假日来兼职研学导师。

(二)专业定点讲授

1. 春种一粒粟——漫花里种诗

(1)梨院的欢迎仪式——民宿管家1名、研学导师1名

(2)千树万树梨花开——研学导师1名

(3)田间的惊喜——农民讲师1名、研学导师1名

(4)梨院鲜食DIY——民宿管家1名、厨师1名

(5)寻找桃花源——研学导师1名

(6)花间舞——研学导师1名

2. 绿荫夏日长——耕耘中生长

(1)小荷才露尖尖角——研学导师1名

(2)但令逢采摘——研学导师1名

(3)梨院自助烧烤——民宿管家1名、厨师1名

(4)梨院泳池派对——民宿管家1名

(5)三生三世十里荷花话剧表演——研学导师1名

(6)一叶扁舟似成长——研学导师1名、教练2名

(7)田园的耕耘——研学导师1名、农民讲师1名

3.秋收万颗子——稻田里高歌

(1)稻花香里说丰年——研学导师1名、农民讲师1名

(2)听取欢声一片——研学导师1名、农民讲师1名、民宿员工1名

(3)夺宝奇兵——研学导师1名、民宿员工1名

(4)我是带货小能手——研学导师1名、民宿员工1名

4.梨院冬日暖——万物中收藏

(1)奇心似箭——研学导师1名、景区员工1名

(2)植物的智慧——景区员工1名、研学导师1名

(3)食材DIY——民宿管家1名、厨师1名

(4)四季收藏——研学导师1名、村民讲师1名

(5)甜蜜物语——研学导师1名

十三、成本核算(略)

十四、风险管理(略)

十五、文创礼盒(略)

(案例来源:首届重庆大学生乡村振兴创意大赛获三等奖作品,指导教师为重庆人文科技学院高科佳。)

案例评析

1.该案例是一个以亲子家庭为目标客群的研学产品,紧扣乡村资源,打造"乡村民宿+农事活动"的乡村研学活动产品。重庆市永川区黄瓜山海拔高度600米左右,以种植梨为主要产业,是国家级农业生态旅游示范点。案例充分挖掘乡村目的地的资源内容和特色,打造吸引亲子家庭可以连续消费的研学产品。

2.该案例充分运用产品营销策略,在同一个乡村研学目的地,打造了春夏秋冬四款研学产品,即四条产品线。每条产品线设计的活动富有特色,能满足同一客群的不同需求。同时,产品关联度较强,紧紧围绕黄瓜山的农业资源做活动,且主要与一两家民宿开展合作,有利于民宿经营体支持和配合,提高四条产品线落地的可行性。

3.该案例充分运用创意赋能,不仅有利于提升产品吸引力,还有利于市场推广。运用一年四季的时间线,打造乡村研学产品体系,满足消费者不同时段的需求,这是创意之一;每季的产品按2天1夜设计,且活动与资源搭配,并不重样,特别是冬天活动采用亲子藏信这个环节,为后续的消费提供可能性,这是创意之二;营销方式上,善于向家长"打感情牌",这是抓住了本质和核心的做法,亲子研学游,参加体验的是家长和子女,但购买者是家长,"打感情牌"做好购买者的沟通与服务工作,这是创意之三。

案例 2

傍水寻古镇之遗，携诗悟濯水之魂

案例说明

本案例是 2023 年重庆市大学生研学旅行创意策划大赛获一等奖作品，作品以重庆市黔江区濯水古镇为研学目的地，以"傍水寻古镇之遗，携诗悟濯水之魂"为主题，开展乡村研学课程设计。

一、适用年级及学情分析

（一）适用年级

本课程适用于五至九年级。

（二）学情分析

1. 五到九年级的学生已经具备了一定的各学科的基础知识，并在学科知识的学习活动中积累了一定的学习经验和实践方法，逐步形成对自然、社会和自我之间联系的整体认识，具有价值认同、责任担当、问题解决、创意物化等方面的意识和能力。

2. 五到六年级的学生已经通过课本每一单元的习作和口语交际具备了阅读和理解的能力，而七到九年级的学生的写作课程更是进一步强化了学生的基础写作，掌握了通过参观和阅读资料收集信息的能力，同时能将自己的知识储备运用到写作中。

3. 在科学课程学习中，五年级的学生就掌握了光传播的基础知识，懂得了简单的机械制作原理;六年级的学生可以正确地了解地球形态的变化,正确地认识微观和宏观世界的存在;七到九年级的学生在地理课程中掌握了喀斯特等特殊地貌的知识,在化学中认识到碳酸钠等化学物品的使用与实验方法。

4.五到九年级学生在学校接受了美术和书法课程的基本知识,能够产生对于美的自我感受与评价,能够对于美有具体的认识倾向,汲取了丰富的审美知识。通过六年级的美术课程的学习,学生对于吊脚楼、窑洞等特殊风情建筑具备了一定的欣赏能力,同时美术课程也专注于培养学生的创造实践能力,学生能够根据自己的艺术体验发展出独特的艺术风格。

5.在家庭和学校中积累了一定的生活经验,具有基本的生活自理能力和安全意识,具备一定的生活常识和户外安全技能。

6.五到九年级学生系统地学习过劳动课程,懂得劳动创造人的道理,具有一定的家庭责任意识和社会责任感。五到六年级学生定期参加校园包干区域的保洁与美化,能体验到以自己的劳动服务他人、服务社区的自豪感与幸福感。

7.通过濯水之行能够激发学生对于家乡文化的感受,也为高中"当代文化参与——家乡文化生活"的单元课程奠定基础,为之后的相关义务教育课程的展开奠定基础。

二、课程时长

两天一夜

三、课程背景

(一)旅游资源

濯水景区如一颗璀璨明珠镶嵌在阿蓬江上,串联起濯水古镇、蒲花暗河和蒲花休闲农业体验园。景区拥有土家吊脚楼建筑风格、世界第一风雨廊桥"沧浪桥"、历史文化建筑"三宫六院",以及极为罕见的"天眼"景观等。濯水丰富的旅游宝库涉及了经济、社会、教育、工艺、民俗、建筑、科学等诸多学科,成为重庆不可多得的旅游研学胜地。

(二)文化资源

濯水古镇拥有悠久的土家文化、苗家文化、商贾文化、巴楚文化、大溪文化,他们相互融合、共同发展,也在当地形成了灿烂的非遗文化。后河古戏、土家风情哭嫁礼俗、远古祭祀濯水傩戏、"天理良心"道德石碑等,它们成为了濯水文化发展的见证者。

(三)国家政策

2016年教育部等11部门下发了《关于推进中小学生研学旅游的意见》,将研学课程纳入中小学的教育计划之中,在2017年教育部又印发了《关于中小学综合实践活动课程指导纲要的通知》,各地认识到综合实践课程的重要意义,濯水景区也充分贯彻教育部指示,大力开发研学旅游资源,利用农业发展银行的政策性资金计划建设了大量的旅游基础设施,搭上了国家政策的顺风车,揭开了濯水发展的新篇章。

(四)市场开发

濯水景区以千年古镇为阵地,通过创建国家AAAAA级景区,大力培育旅游经营主体,以不断优化营商环境为手段,成功打造了市级的微型企业孵化基地,吸引了大量旅游资源。如此一来,濯水景区放大了旅游经济在渝东南、武陵山等贫困地区的综合效益,同时发起筹建武陵山旅游发展联盟,进一步开发渝东南的旅游市场,成为旅游减贫市场的带头人。

(五)精神内涵

自古以来濯水就以"天理良心"作为至理名言,在古代汉族商贾就一直坚持着这种精神品质,土家人则一直保持着热情好客的风俗,让这种诚实友善之风吹遍濯水,吹向世界。如今,濯水人仍然坚守初心,创新思路,发展旅游经济,坚持奋斗,砥砺前行,又在濯水精神内涵上增添了浓墨重彩的一笔。

四、研学资源

国家AAAAA级旅游景区黔江区濯水景区。濯水景区是新重庆十大地标名片,位于重庆市黔江区濯水镇,总面积4.8平方公里,由源于唐末繁于明清的、民俗风情浓郁的商贸集镇濯水古镇,集休闲、观光、采摘、体验于一体的蒲花河休闲农业体验园,以土家族文化设计理念为主题、以生态园林景观、戏水文化游乐为中心的毕兹卡水乐园和三桥两洞喀斯特地质奇观蒲花暗河共同组成。

五、课程目标

(一)知识目标

1.认识到濯水古镇的土家文化、巴楚文化、商贾文化、历史等相关信息,提高理解与阅读的能力,通过自己的思考感悟历史底蕴和人文情怀,学会梳理关键信息,交流思考与感悟。

2.了解、感受土家吊脚楼的建筑结构和建筑美学,能抓住事物的特征,领会其中的科学精神和科学思想方法,乐意倾听他人观点,运用多种思路和方法完成实践任务。

3.学习关于喀斯特地貌的相关物理、化学知识,多角度观察生活、发现生活的丰富多彩,能从宏观和微观层面上认识世界的组成,能通过简单实验解释自然界、生产生活及实验中的现象。

4.利用"飞花令"的游戏形式学习诗词文化知识,体验诗词歌赋在现实意境中独特的美,能够根据诗词基本内容和自己合理想象进行创新扩写,从而表达自己对自然、社会、人生的感受。

(二)技能目标

1.学会并能创新应用西兰卡普等传统非遗技艺,引导学生从现实生活的真实需要出发,通过经历完整的实践过程,掌握基本的制作工具、知识和技能,培育积极努力的精神。

2.动手搭建简易的土家吊脚楼,了解榫卯结构的设计方法,在实践中通过小组合作的形式培养团结协作的能力,从多学科角度认识客观事物的本质、规律及相互关系,形成对于问题的交流、解释和反思的能力。

3.在成为小主播的同时发展自身兴趣专长,初步接触生涯规划,初步体悟个人成长与职业世界。

(三)情感目标

1.顺水游阿蓬江,了解濯水文化的发展脉络,走进吊脚楼与家族宅院,感悟土家族、苗族等少数民族和当地汉族人民的奋斗历程和成长道路,形成民族认同,从而培养起正确的价值观与世界观。

2.从与土家儿女交换礼物、体验土家族风土人情等思考感悟濯水推崇"善文化"的精神意义与价值,能自主增强社会责任感,形成主动为人民服务的意识,提升社会服务能力。

(四)核心素养目标

1.国家认同:利用诗词学习不断深入思考与挖掘濯水精神的内涵,尊重中华民族的优秀文明成果,能够主动弘扬传播中华优秀传统文化、非遗文化和社会主义先进文化。

2.价值精神:在感悟濯水人民的奋斗精神之后,能够提升学生的民族文化底蕴,通过实地观察、活动体验、完成研学讨论,培养学生的探索创新、诚信友善、团结协作的核心价值观,弘扬热爱家园,建设家园的奋斗精神,培养起正确的人生观、价值观。

六、设计理念

(一)濯水经何日

濯水作为一个百年的古镇,蕴藏着百年的生命力,这将是一次江水与古镇的邂逅,诗词与灵魂的触碰。她变化无穷,是"一江烟水照晴岚,古镇人家傍岸兴"的人文风情;亦或是"一水护田将绿绕,两山排闼送青来"的自然富美;更曾是"问流清如许,唤得活水来"的奇特景观。所以我们要追忆往昔,找寻起点,从心出发,唤醒濯水精神。

(二)水乡焕新气

城市的喧嚣掩盖不了乡村辉煌的农业文明,凝结在上的宝贵农耕文明精神熠熠生辉,这是一次让孩子远离课堂而又拥抱知识海洋的学习与游戏,用心体验诗词歌赋背后诗人的晴耕雨读,用手制作非遗装饰感受土家儿女的嬉笑忧愁,用脑思考直播带货振兴家乡带来的优越自豪,最后再种下满怀希望的种子,在阿蓬江畔古镇留下自己未来追寻的印迹,期待未来某天与现在的自己神奇偶遇。

(三)古岸文史联

在吊脚楼上吃一顿土家美食,亲手制作一件西兰卡普,回到大宅院听一曲岁月赞歌,摩挲一张历史票据,触碰一所百年古屋……倾听先辈们的脉搏,感受先辈们的呼吸,我们始终要传承先辈们的精神。

(四)镇外蕴乾坤

可能我们不会感谢天神,但我们一定会感恩阿蓬江,阿蓬江的神奇之处在于她创作了一个"不属于这里的天境",一种奇特的喀斯特地貌与一个神奇的神话故事在这里汇聚成美丽的奇迹——蒲花暗河,我们在追寻巴人祖先,追寻阿蓬江的源头,认识到了世界的奥妙,到了这里我们发现真实与虚幻的界线变得模糊,微观世界和宏观世界在不断地交替旋转,我们放飞想象力,追逐着李白的"白鹿",梦游到清崖之间,达到"须行即骑访名山"的精神境界。

七、课程安排

表7-5 研学课表

研学单元课程名称	时长	研学内容
"一江烟水照晴岚,古镇人家傍岸兴"——探访古镇感受人文风情	一天	(1)"天生一,一生水,水生万物"——探寻水之奥秘(时长:30分钟) (2)"因天材,就地利"——发现建筑精髓(时长:120分钟) (3)"所谓伊人,在水一方"——体验土家文化(时长:120分钟) (4)"大江东去,浪淘尽,千古风流人物"——走进四大家族(时长:180分钟)
"一水护田将绿绕,两山排闼送青来"——探访体验园领略自然富美	半天	(1)"花前犹有诗情在,还作凌波步月看。"——感悟文学之美(时长:30分钟) (2)"山泼黛,水挼蓝,翠相搀"——创造手作之美(时长:60分钟) (3)"长风破浪会有时,直挂云帆济沧海。"——展望未来之新(时长:60分钟) (4)"种豆南山下,草盛豆苗稀"——体验农耕之乐(时长:30分钟)
"问流清如许,唤得活水来"——探访蒲花暗河走进科学世界	半天	(1)"潭西南而望,斗折蛇行,明灭可见"——乘舟游之,以观四方(时长:30分钟) (2)"水漂流以观,凄神寒骨,悄怆幽邃"——以心行路,光影逐悉(时长:30分钟) (3)"洞蠹立生悟,相由心生,万物无原"——向祖寻源,幻晓真知(时长:50分钟)

八、课程实施

表7-6 课程实施简况表1

单元课程名称	"一江烟水照晴岚,古镇人家傍岸兴"——探访古镇感受人文风情	课程时长	一天(9:30—14:00 15:30—18:30 共七个小时三十分钟)
研学地点	濯水古镇		
研学形式	观光式研学、体验式研学、沉浸式研学、PBL式研学		
学科链接	九年级化学第四单元"自然界的水" 七年级下册历史的"三省六部制与科举制度" 六年级上册美术第十七课"家乡的老房子——吊脚楼" 七年级下册数学"平移" 八年级上册数学"对称图形" 九年级语文古诗"诗经""蒹葭" 五年级下册科学"沉和浮"		
教具安排	研学学生手册、吊脚楼搭建材料与工具、土家特色服饰、拓印材料与工具、扩音器、笔、尺子、纸张、摄像机		
课程单元目标	住久了钢筋水泥的高楼大厦,是否见过乡镇的悠悠古韵。信息时代的洪流里,孩子们逐渐被数据网络讯息淹没,触手可及的山河自然却变成了"诗与远方"。此次课程带领学生探寻"诗与远方"。 ①知识目标:通过带领学生沉浸式探访古镇,探究古镇的土家民俗、建筑美学、非遗技艺,感悟古镇历史底蕴和人文情怀。同时以诗串联起语文、化学、历史、数学等多个学科,寓学于乐,巩固课本知识。 ②技能目标:锻炼学生的社交能力与胆量,开拓多方面分析事物的视野,在古今和城乡思辨中提高认知能力。在与同学沟通交流和团队合作中,理解团队的价值和意义,锻炼协作能力。 ③情感目标:感受"善"与"爱"的力量,感悟人生价值,体会四大家族商贾文化中的诚信与"天理良心",在与土家族人民交往中理解多民族友好交往。		
重点难点	重点:沉浸体验,解密古镇发展。 难点:感悟历史底蕴、人文情怀和人生价值,包容多民族文化发展,提高学生多方面能力。		

续表

教学方法	讲授法：通过老师的讲解了解古镇的土家民俗、商贾文化、建筑美学、非遗技艺以及古镇发展。 问题导向法：让同学们思考讨论探索水的奥秘以及吊脚楼的精髓，从而得到更深刻的感悟。 实践法：让同学们亲自动手搭建吊脚楼，体验土家服饰、美食舞蹈，拓印找补券。 情景演练法：走进四大家族四大宅院，化身智慧小商人与科举小学子，沉浸体验商贾文化教育。 PBL教学法：以学生为中心，问题为基础，辅以研学手册任务打卡完成，通过老师步步引导，学生团队讨论合作，发现问题，解决问题，培养学生自主能力与创新能力。
安全隐患点	学生在使用拓印工具时可能会发生危险，学生在风雨廊桥上嬉戏打闹容易发生危险，还可能存在被笔、尺子等尖锐物品扎伤的风险。
研学过程设计	1."天生一，一生水，水生万物"——探寻水之奥秘（地点：风雨廊桥 时长：30分钟） 学生们站在横跨于阿蓬江上的风雨廊桥上可观江水，可观濯水花田，讲师介绍江水对于百年古镇发展的作用，学生思考水的用途有哪些？水在古代和当今发挥的不同作用？ 2."因天材，就地利"——发现建筑精髓（地点：吊脚楼，时长：120分钟，该单元课程结束后去体验土家美食当作午饭） （1）实地考察，沉浸感受土家吊脚楼群形态 ①分析吊脚楼有序变化的对称之美。 ②分析吊脚楼柱与柱、层与层、楼与楼之间的平移关系。 选址〔环境适应性〕 ①思考为什么吊脚楼依水而居，高悬地面，婷立江畔？ ②一层一光景，十步不同温，是什么所致？ 结构 ①河水、山石、岁月都可能摧毁建筑，土家人是怎么使吊脚楼亘古不变、屹立不倒的呢？ ②重庆有许多吊脚楼，濯水古镇的土家吊脚楼有什么不同呢？ 材料 做吊脚楼的第一步叫"伐青山"，为什么土家先民要选取木头当建筑材料呢？瓦、砖、钢、沙同为建筑材料为什么不采用呢？

续表

研学过程设计	装饰艺术 ①太极八卦、龙凤呈祥,吊脚楼为什么如此"爱美"? ②土家人用银器、宝刀、花草装饰服饰,那他们是如何装饰吊脚楼的呢? (2)动手搭建吊脚楼 思考注意: ①不用一颗钉子,如何运用榫卯结构让吊脚楼更加坚固? ②要搭建几层吊脚楼?画图设计属于自己的吊脚楼。 ③用木头、砖块、瓦片做沉浮实验,选择合适材料搭建模型。 ④与同学组成小组一起搭建模型,团队合作。 在搭建过程中体验土家建筑的精髓,了解土家先民智慧。 3."所谓伊人,在水一方"——体验土家文化(地点:古镇戏楼广场,时长:120分钟) (1)土家服饰 土家族服饰俭朴实用,结构简单,但是注重细节,喜宽松、衣短裤短、袖口和裤管肥大。男女老少皆穿无领滚边右衽开襟衣,衣边衣领会绣上花纹,绣工精彩,色彩艳丽,具有浓厚的民族特点。学生换上土家服饰,由当地土家族人介绍土家服饰特点,沉浸式体验民族风情。 (2)土家美食 叶儿粑——用糯米粉面包麻茸甜馅心,外裹鲜橘子叶,置旺火蒸。清香滋润,醇甜爽口。 绿豆粉——清热解火,口感好,食用方便。 马打滚——用芝麻和白糖等馅料炒香后包入糯米中。白嫩可爱,入口香甜黏糯。 学生走进当地人的家中与商铺里发现特色美食,动手体验制作并品尝。 (3)土家习俗 土家摆手舞是国家级非物质文化遗产之一。其中蕴含着土家先民英勇善战、不怕牺牲的民族精神,反映了土家族人民热爱劳动、不畏艰险、顽强生存的乐观主义精神。学生穿着土家服饰与当地人一起跳摆手舞,在欢歌笑语中感受土家非遗文化和民族精神的魅力。 (4)土家礼仪 土家族人在社交活动中注重情节、礼貌和文明,重视友好交往,拜访

续表

研学过程设计	他人会带上礼物。鼓励学生与当地土家族人聊天交流,与当地人交换礼物,拍照留念。在锻炼社交能力的同时,深刻感受土家人文风情。 4."大江东去,浪淘尽,千古风流人物"——走进四大家族(地点:四大家族四大宅院,时长:180分钟,该单元课程结束后入住吊脚楼民宿休息) 观古宅之美,听家族风云,传非遗手艺,悟濯水精神,感人生之理。 "一门三进士,四代五尚书"洋溢久远书香——余家 诚信经营,富甲一方的商业领头羊——汪家 热心教育,开设义学——樊家 用枪杆子护佑濯水一方安宁——龚家 (1)濯河坝讲堂 每个讲师扮演成四大家族的代表人物来讲述家族的传奇往事。 (2)烟房钱庄 讲师讲解找补券历史,学生亲手拓印票券,扮演商人用找补券进行人生拍卖会——手握钱财,你会为自己的人生拍下什么呢?有人用一张找补券拍下一天的快乐,有人用十张找补券拍下吃到古镇所有美食,有人用更多的找补券拍下自己成为宇航员、富豪、明星等的梦想。每一次举牌都代表着学生对人生理想的思考与渴望,每一次加价都暗含着取舍、遗憾和收获。在游戏的同时探索思考感悟人生。 (3)龚家抱厅 抱厅空间布局独树一帜,加之徽派风格、议厅建筑与吊脚楼的结合使其和谐生动。通过让学生细致入微的进行观察体验建筑造型的不同风格,感受课本上对于徽派建筑的描述是否与之一致,学生观察其造型做工细节之处,对比龚家抱厅与其他宅院的不同并拍摄记录。在拍摄的同时从各个角度欣赏徽派建筑不同的美学风采。 (4)八贤堂 在进士宅第化身科举考试的小学子,沉浸体验古代的科举考试流程。把在古镇所有活动学到的知识以及链接到的学科内容归纳成一张试卷,进行乡试,让学生作答,分数高的就可以成为秀才,有机会参加院试。让学生亲身体会到科举制度里乡试——院试——殿试的流程。让学生讨论由古至今考试的形式和优缺点,思考为什么科举制度流传百年成为检验学习成果、学习效率以及选拔人才的公平方式,让学生可以用正确的态度对待学习以及考试,重视人才培养工作。

表7-7 课程实施简况表2

单元课程名称	"一水护田将绿绕,两山排闼送青来"——农业体验园探自然富美	课程时长	约半天(8:30—11:30共三小时)
研学地点	蒲花河休闲农业体验园		
研学形式	观光式研学、体验式研学、沉浸式研学、PBL式研学		
学科链接	五到九年级语文课本里所有有关田园的古诗词 九年级道德与法治上册第三单元第六课"关爱自然善待自然" 七年级生物第一单元第一节"生物与环境" 九年级语文古诗"行路难""惠崇春江晚景" 七年级语文古诗"归园田居"		
教具安排	研学学生手册、印有西兰卡普为底的画布、农具、扩音器、铅笔、彩色笔、手套、胶水、剪刀、摄像机		
课程单元目标	城市学生被繁重学业限制,多久没有抬头好好看看蔚蓝的天空,呼吸自然新鲜的空气?他们早已忘记了脚踩泥土的柔软。此次课程带领学生近距离感受大自然的魅力。 ①知识目标:通过带领学生走进自然,探寻生物多样性,尊重理解热爱自然。联想诗词,巩固古诗词的学习与积累。 ②技能目标:在制作西兰卡普过程中培养动手能力与审美情趣;在田野里学会干农事农耕,掌握生活技能;在与同学沟通交流和团队合作中,理解团队的价值和意义,锻炼协作能力,从而将"五育"顺利地融入其中,潜移默化地培养学生德智体美劳全面发展。 ③情感目标:热爱劳动,尊重劳动人民,养成劳动习惯,传承中华优秀品德,留住根脉才能更好展望未来。		
重点难点	重点:观察自然之美,联想诗词之美,感悟人文之美。 难点:传承劳动精神,共展古镇未来。		
安全隐患点	在体验园内可能会跌倒或者划伤,被蚊虫叮咬,被蜜蜂蛰伤;制作画布时可能被制作工具扎伤;一些植物叶子比较锋利可能引起划伤;对花粉过敏者可能引起不良反应;劳动时可能被农具刮伤。		
教学方法	讲授法:通过老师的讲解了解生物多样性与土家西兰卡普的历史底蕴,体验古镇现代化农业的发展,感悟劳动人民由古至今的奋斗精神。		

续表

教学方法	问题导向法:让同学们思考讨论,巩固课本的诗词学习,增进对植物的了解,从而对古镇的发展与不变的精神内涵有更深的感悟。 实践法:让同学们亲自动手制作西兰卡普、体验农耕文化、留下小小主播回忆。
研学过程设计	1."花前犹有诗情在,还作凌波步月看"——感悟文学之美(时长:30分钟) 学生化身田园小诗人,漫步园中由眼前美景联想到课文中的诗句"竹外桃花三两枝,春江水暖鸭先知""树木丛生,百草丰茂"开展改良版文字游戏飞花令。以园中看见的景物带有的字作为关键字轮流背诵含有关键字的诗。 2."山泼黛,水挼蓝,翠相搀"——创造手作之美(时长:60分钟) 大自然的馈赠是最宝贵的知识财富。学生们游览花园,观赏园区中各类果树、时令花海、土家族农耕文化体验园。和花草树木来一场"自然对话",那些出现在课本上的生物,如今都能一饱眼福。采摘下自己喜欢的植物,在富有当地土家族风情的西兰卡普画布上进行手工创作。 3."长风破浪会有时,直挂云帆济沧海"——展望未来之新(时长:60分钟) 学生们化身新主播,推销自己喜欢的当地特色农产品,体验乡镇未来新发展的同时锻炼了自信心以及语言表达能力。 4."种豆南山下,草盛豆苗稀"——体验农耕之乐(时长:30分钟) 学生禁锢在"钢筋水泥"的城市中,对于农耕体验很陌生。亲身走进田园,拿起工具,在此埋下希望的种子。让研学与劳动教育深度融合。学习劳动人民艰苦奋斗的精神,传承勤劳的中华优秀传统品质。

表7-8 课程实施简况表3

单元课程名称	问流清如许,唤得活水来——探访蒲花暗河领略科学世界	课程时长	约半天(14:30—16:30 共两小时)
研学地点	蒲花暗河		
研学形式	观光式研学、体验式研学、沉浸式研学、PBL式研学、实验操作式研学		

续表

学科链接	九年级下册化学第十一单元"盐"与"化肥" 八年级上册物理第四单元"光现象" 八年级上册地理第二章"中国的自然环境" 八年级下册语文第六单元"小石潭记"
教具安排	研学手册、碳酸钠、氢氧化钙、氯化钙、二氧化碳、试管、手套、放大镜、扩音器、手电
课程单元目标	①知识目标:通过带领学生乘船穿越暗河,让学生了解暗河的形成过程,探秘暗河周围神奇的地质地貌的形成原因,了解喀斯特地貌的相关知识,掌握物质世界的自然变化。 ②技能目标:了解喀斯特地貌的形成过程,并且在化学实验中探索物质的奥妙之处,掌握基础化学实验方法,了解物质的微观运动变化。 ③情感目标:进入赤穴了解土家族祖先的神话故事,探秘千年阿蓬江"母亲河"的来源,追寻濯水古镇的现代发展源头,追寻当代濯水精神起点,树立起开拓创新的价值观念。
重点难点	重点:正确认识喀斯特地貌的形成过程以及原因。 难点:掌握化学方程式和实验方法。
教学方法	讲授法:通过老师的讲解了解暗河的形成,喀斯特地貌的特点,天生自然景观的美学特征。 问题导向法:让同学们思考为什么峡谷中会出现"三天两夜"的神奇现象,根据光影变化探讨为什么光线能有如此效果,谈论为什么远古时期巴人的祖先会在这里扎根定居,暗河和江水之间的关系。 实践操作法:为同学们实际演示有关于喀斯特地貌石灰岩的有趣化学实验,利用手电制作光影世界。
安全隐患点	乘船玩耍打闹容易发生危险、化学实验品和化学实验操作不当容易发生危险、溶洞灯光昏暗看不清眼前的东西容易发生危险。
研学过程设计	1."江西南而望,斗折蛇行,明灭可见"——乘舟游之,以观四方(地点:蒲花暗河时长:30分钟) 乘船进入蒲花暗河,老师带领同学们观赏水上天生三桥、天眼、天下第一鱼等自然奇观,并由此介绍其形成的原因、过程、晖阴变化,观赏暗河的河道,讲述暗河蜿蜒曲折的形成过程,并提出问题"为什么在这里形成了如此自然奇观?而暗河的源头又在哪里?"

续表

研学过程设计	2."水漂流以观,凄神寒骨,悄怆幽邃"——以心行路,光影逐悉(地点:溶洞峡谷,时长:30分钟) 进入峡谷中,光线黑暗,闭上眼用心感受周围的世界,蝙蝠叫声、水声、心跳声等,让同学们记录自己听见的声音,利用老师的手电去观察在岩壁交互形成的有趣影像(类似皮影戏),也可以用自己的手去模仿一些千奇百怪的影像,研究光的成像原理。 3."洞蠹立生悟,相由心生,万物无原"——向祖寻源,幻晓真知(地点:赤穴,时长:60分钟) 赤穴是典型的喀斯特地貌,拥有溶洞、钟乳石、石笋、千丘梯田、滴水莲花、蒲穴双珠等著名景观。老师可以在这里做关于石灰岩的实验,让同学们了解石灰岩的特性,正确认识化学在我们生活中的巨大作用。最后回归源头,听讲师讲解巴族神灵廪君与盐水女神的神奇传说,暗河的尽头是流入地下,但它的源头阿蓬江至今仍是生机盎然,阿蓬江水和蒲花暗河好似这巴人祖先与当代的濯水人,唯有源头生机勃勃,支流才会清清如玉,暗河的源头如此,濯水人民的祖先亦是如此。

九、课程评价

表7-9　课程评价表

学校		姓名		班级		性别	
	主要内容					评价	
研学旅行活动整体评价	研学前期学生需要的相关资料能够搜集到位,对研学的内容有一定的了解。设计内容注重教育性、启发性,能够帮助学生课前预习、课中学习、课后总结。						
	课程主题明确,适用年级对象清晰,活动整体实现的可行性高、可操作性较强。						
	课程设计科学合理,各环节重难点突出,符合学生身心特点,研学的方案完整,包括具体步骤、使用工具材料、关键问题及解决方案等,准确无误。						
	项目整体表现完善,对于课程的吸收较为完整,对于学生的知识能力有着促进作用。						

续表

	主要内容	评价
学生研学活动评价	能够在自主探索的学习中,运用研学课程中所学的知识解决实际问题。	
	不怕困难、思维灵活,能够在研学课程中学到恰当解决问题的方法,积极参与交流分享。	
	参加活动踊跃,敢于尝试,乐于发表自己独到的见解。	
	团结合作、合理分工、乐于分享,主动承担组内的工作,具有强烈的责任意识,对于小组学习做出贡献。	
	能够培养起强烈的爱国意识,对于自己的家乡有着深厚的情感,能够建立起正确的人生观和价值观,具有奋斗精神。	
	对于语言诗词能有较强的欣赏能力,对于美具有较强的观察能力,对设计物品有一定的实践能力。	
教师研学教学过程评价	在教授过程前准备充分,有着完整的计划方案、实施步骤及技术解决方案。	
	在活动中为教学创设完整的情景,激发兴趣,调动学生实施项目的积极性。表述富有启发性、感染力和亲和力。	
	在项目结束后对于研学课程有着有效的评价标准,对于项目作品点评到位,能指出优缺点。	
备注	非常符合5分、比较符合4分、符合3分、比较不符合2分、非常不符合1分。	

十、课程设计创新点

(一)"白云轻遮月,红花微含苞"

古镇、江水是我们的明线,诗词、非遗是我们的暗线,而濯水精神则是我们的中心,利用古镇、江水具象化精神,同学们身处古镇,依傍江水,开展研学课程,使同学们可以在现实中真正触碰"濯水精神",利用诗词、非遗理想化精神,透过每一个活动潜移默化地让同学们接受并且自觉传播,让同学们可以在心底里真正地赞美"濯水精神"。朝晖夕阴,万千变化,如同万花筒一般,绽放出濯水精神的无穷内涵。

(二)"春雨和微风,荫柳避旅人"

吊脚楼的一横一竖、找补券的一抹一印、西兰卡普的一针一线……我们着重于提升同学们的实践能力而设计的相关考察、文创产品与实践课程相互联动,利用直播带货让同学们收获乡村旅游振兴的自豪感与幸福感。

(三)"投我以木瓜,报之以琼琚"

在与少数民族同胞进行交流的过程中,学生与少数民族同胞们加强了互动,建立起深厚的民族感情,对于民族团结、民族平等、各民族共同繁荣的基本国策有了更加准确的认识,从而对于我国的民族政策有了正确的情感态度。

(四)"随风潜入夜,润物细无声"

这里没有课堂,但又无处不是课堂,我们创造性地将学校的"五育"教育理念融入活动中,在欢声笑语中实现立德树人的教育目标,心灵和身体,总有一个应该在路上,在课堂之外收获知识,体验到成长的意义,能主动地分享体验和感受,与老师、同伴交流思想认识,达到"游中学,学中游"的教育要求。

十一、其他(略)

附录:活动手册(扫码获取)

(案例来源:本案例是2023年重庆市大学生研学旅行创意策划大赛获一等奖作品,指导教师为重庆人文科技学院高科佳。)

案例评析

1.该案例是一个课程设计类产品,主要以集体组织的中小学生为目标客群,选择重庆市黔江区濯水景区为研学地,属于景区型乡村研学。重庆市黔江区濯水景区由濯水古镇、蒲花河休闲农业体验园、毕兹卡水乐园以及三桥两洞喀斯特地质奇观蒲花暗河共同组成。课程主要运用了古镇民居建筑和土家族特色文化资源,地文景观、水域风光、田园景观等乡村自然资源,充分挖掘资源特色,融入学科知识点,巧妙设计三个课程,串起了景区最有代表性的资源内容。

2.该案例结构完整,内容丰富,图文并茂,呈现了研学课程的教育性、体验性和趣味性。案例对五至九年级学生特点进行了较深入的剖析,按国家相关政策规定,设计了2天1夜的课程内容,知识目标、技能目标、情感目标和核心素养目标定位明确,充分体现了研学课程的教育属性;在课程中加强活动设计,节奏适中,充分融入观光式研学、体验式研学、沉浸式研学、PBL式研学等教学方式,保证学生在研学过程中的实践性和较好的体验感;三个课程以水为线将民族文化、田园文化和自然科普相融合,设计出多个妙趣横生的实践活动。

3.该案例将五育并举的教育理念有机融合到课程活动设计中。课程一"探访古镇感受人文风情",让学生站立江上感受濯水精神,动手搭建吊脚楼;课程二"农业体验园探自然富美",让学生亲自动手制作西兰卡普、体验农耕文化、尝试小主播带货;课程三"探访蒲花暗河领略科学世界"让学生思考暗河和江水之间的关系,演示有关喀斯特地貌石灰岩的有趣化学实验,并利用手电制作光影世界。每个课程的活动不仅让学生手脑并用,还有思考和消化,再加上研学课程是"行走的课堂",学生的体力和运动必须跟上,当完成整个课程后,五育并举的教育理念已实现了"知行合一"。

案例3
跟着世遗阅大足,鲤鱼添彩学新知

案例说明

本案例是2023年重庆市大学生研学旅行创意策划大赛获一等奖作品,作品以重庆市大足区宝顶山石刻、万古鲤鱼灯舞、饶国梁纪念馆、重庆红岩重型汽车博物馆四个研学点为基础,以"跟着世遗阅大足,鲤鱼添彩学新知"为主题,设计"遗产文化+红色文化+工业文化"的城乡融合型研学旅游线路。

一、线路主题

(一)线路名称

跟着世遗阅大足,鲤鱼添彩学新知。

(二)线路logo含义

图7-1

1. 图形与理念

主图为一本展开的书籍,两侧的英文意为"研究"与"学习",且在下方标明本次线路目的地——大足。展开的书籍象征着研学中的"研究"与"学习",枝叶象征着少年们在研究与学习中不断成长。

2. 色彩

主色调为黄色。依次为活力阳光的橙黄、深沉稳重的土黄与清新自然的柠檬黄。色度由深至浅,符合本次方案项目中鲤鱼灯的锦鲤色——橙黄与宝顶山石刻的石壁色——土黄。同时柠檬黄有着亮眼吸睛的色调,更能抓住受众眼球,带给消费者正向的情绪引导并产生强烈的记忆点。

二、方案摘要

此次线路设计在充分挖掘研究和整合重庆市大足区丰富的文旅资源的同时,将世界文化遗产、红色资源、现代科技文化与生态文明等研学主题有机结合,期望为小学五、六年级与初中一、二年级年龄阶段的学生打造多种类、多样化的实景沉浸式研学旅行体验。在实地调研后,选择了相互之间距离相近且具有研究教育意义的大足石刻——宝顶山石刻、万古鲤鱼灯舞、饶国梁纪念馆、重庆红岩重型汽车博物馆等四个研学项目,它们既富有重庆地方特色,也符合本次研学目标与学生的年龄、身心特点,能最大限度地提高研学收获,因而串联四点设计为研学旅行的研究学习线路,并据此展开研学活动。方案采用SWOT背景分析,从优势、劣势、机会、挑战四个方面对线路内外部因素进行解析,以期达到实践目的。

三、线路目的与意义

本线路立足于重庆市大足区独特的山水人文特色,充分挖掘和整合大足区丰富的文旅资源,旨在打造多种类、多样化的实景沉浸式研学旅游体验。线路设计将世界文化遗产、红色资源、现代科技文化与生态文明等主题有机结合,学生在了解本地世界文化遗产的表现形式与丰富内涵的同时,参与世界文化遗产的体验活动,理解并积极传承家乡的世界文化遗产,感受中华文化的源远流长,在了解红色文化内涵的同时实地感受红色文化,重温革命情怀,被激情澎湃的奋斗诗篇所感染,增强集体荣誉感。

在注重文化体验的同时增加探究活动,提高科学素养,与此同时兼顾安全性、教育性、可行性、经济性与典型性原则,在向学生展示地域文化魅力的同时,培养学生各项能力。

(1)发现问题、提出问题、解决问题的能力。

(2)收集资料、分析资料、得出结论、表达思想和交流成果的能力。

(3)培养独立探究和合作学习的精神:学会通过同伴之间积极的相互影响,提高研究性学习的有效性,并共享资源与成果。

(4)培养科学态度和科学道德:学会从实际出发,通过认真踏实的探究获得结论,并懂得尊重前人的成果。

(5)获得亲身参与,研究探索的积极情感体验,逐步形成一种在日常学习生活中敢于质疑,乐于探究,努力求知的态度。

四、项目背景(略)

(一)政府支持

(二)"研学+"政策支持

(三)发展前景广阔

五、可行性分析

(一)优势

1.文旅资源丰富

大足区丰富的文化资源优势为重庆开展研学旅行奠定了良好基础。大足有被誉为"中国养生第一地"的龙水湖以及玉龙山国家森林公园,大足的人文旅游资源丰富且独具特色,如大足石刻、昌州古城、荷花山庄等,还有非物质文化遗产,如"鲤鱼灯舞""邮亭鲫鱼"等,其中以"重庆地区唯一的世界文化遗产"——大足石刻最为出名。

2. 区位优势

大足位于成渝之间的中心地带,"成安渝高速"和"成渝客专"成为大足旅游交通大动脉,高速铁路和高速公路的修建,为大足旅游区的发展提供了便捷的交通条件。

(二)劣势

1. 研学活动发展不均衡

城市和乡村的资源有限,同时受时间、地点的限制,导致研学活动规模较小,主题较单一,难以满足学生的需求。

2. 学生安全隐患问题突出

中小学生尚未成年,自我安全意识和自我保护能力薄弱,在户外尤其是不熟悉的区域开展研学旅行,接触到的危险源和突发情况也相应增多,成为研学旅行实践中最大的风险隐患,也导致研学活动受到局限。

(三)机会

1. 国家政策扶持力度大

教育部规定每个中小学每年必须开展一次研学旅行活动。目前,国内中小学在校生人数超过两亿,各中小学都在全力推进研学旅行市场,在"旅游+"全面推进的发展机遇期,以研学旅行为代表的体验式教学活动正蓬勃发展。

2. 研学需求大

目前,我国正处于第三次消费结构升级阶段,教育文化、休闲旅游、医疗健康等领域的居民消费支出增长迅速。以研学旅行为代表的体验式教学活动作为教育服务型消费模式的代表之一,正处于重要的发展机遇期,消费需求旺盛。

(四)威胁

1. 推动研学旅行课程规范化

目前研学旅行活动缺乏规范和标准,也没有对研学过程的监督和效果的评估。导致很多学校将研学活动的组织交由第三方机构负责,事故监督保障机制存在明显的缺失。

2.提升研学旅行主体参与性

学生作为研学旅行的主体,应提升学生的主动性和参与度,推动学生进行自主探究、自主体验,改变学生被动参与研学旅行的局面。这要求研学旅行有长期的、系统的规划,能够依据青少年所处的不同阶段进行系统性安排,使活动符合青少年的身心发展特点,从而真正提升青少年的综合素质。

六、研学对象

(一)目标市场定位

重庆市小学五、六年级与初中一、二年级学生。

(二)目标市场分析

小学五、六年级与初中一、二年级年龄阶段的学生心智较为成熟,学业负担较轻,对陌生的环境、事物以及知识都有着强烈的好奇心和探索欲。通过研学旅行,学生可以亲身参与活动,获得直接体验,加深对知识的理解和记忆,并且对于在参观考察中获得的知识和经验能够快速学习和消化。

重庆市及周边地区学生参加此次研学活动较为方便,且安全系数高,途中路费开销较少,性价比高。近年来短期、近距离研学火爆,研学不是必须去千里之外,很多研学活动在本地就能够完成,那些能够充分展示本地历史及发展现状的研学旅行往往更有现实意义。

七、方案思路

此次线路设计面向重庆市小学五、六年级与初中一、二年级学生,将安全与教育意义放在第一位,优先选择近距离开展多主题的研学资源点,综合考虑学科要求、地域特色、学情特点、时代要求等,并围绕重庆市大足区的研学旅行项目进行探寻,在经过实地调研后锁定世界文化遗产、红色资源、生态文明、现代科技等主题展开研学旅行活动,筛选出大足石刻——宝顶山石刻、万古鲤鱼灯舞、饶国梁纪念馆、重汽博物馆等四个研学旅行项目进行观光体验式的研究性学习活动。

八、特色优势

潮起世遗匠心——传承世界文化遗产,探究石窟艺术之美。

寻味烟火人间——品味特色美食,烹调人间风味。

君子之教以孝——流年不弃桑榆老,与子同诵传孝道。

焕活千年灯舞——触摸非遗文化脉络,传承鲤鱼灯舞艺术。

赓续红色血脉——缅怀英烈祭忠魂,抚今追昔思奋进。

触摸生态田园——知识到田园的体验,大地到餐桌的料理。

探寻科技风采——走进科学课堂,点亮科技梦想。

九、具体方案

(一)行程线路(略)

(二)四天三夜行程表

表7-10　第一天行程

今日亮点:"研学+世界文化遗产"——开营仪式/非遗美学/匠心传承/国学服体验/特色荷花宴/制作荷花美食					
日期	时间段	地点	课程安排	内容简介	涉及学科
第一天	8:00	铜梁	出发	集合,统一乘坐大巴车前往宝顶山景区	人文、历史、美学、物理学中的光学与力学
	9:00—9:30	宝顶山	探究学习	开营仪式	
	9:30—10:10			主题:感受世界遗产的魅力 (1)观看电影《天下大足》,感受中华石窟艺术之美	

续表

日期	时间段	地点	课程安排	内容简介	涉及学科
第一天	10:10—11:00	宝顶山	探究学习	(2)参观大足石刻博物馆,沉浸式了解中外的石刻文化和历史	人文、历史、美学、物理学中的光学与力学
	11:10—12:30			(3)参观宝顶山石刻,了解大足石刻的雕刻工艺、难度及当时的匠人精神	
	12:30—14:30		午餐	餐厅用餐、休息	
	14:30—14:50		孝道传承	更换国学服,前往星月禅柱广场学习孝文化	
	14:50—16:00			主题:弘扬孝道文化,继承传统美德 (1)学习传承孝文化 (2)《中华孝道》经典诵读	
	16:10—17:30	荷花山庄	实践体验	前往荷花山庄 主题:我是小厨神 (1)了解饺子的由来和意义 (2)分组准备食材 (3)DIY包饺子	
	18:00—19:00		晚餐	品尝荷花宴	
	19:00	大足城区	住宿	(1)集合前往大足城区 (2)入住前进行安全教育 (3)住宿(大足××酒店)	

表7-11 第二天行程

今日亮点:"研学+红色资源、生态文明"——学习红色精神/深入乡野田间					
日期	时间段	地点	课程安排	内容简介	涉及学科
第二天	8:00—9:00	/	/	起床、洗漱、整理好行李、品尝自助早餐	人文、历史、生态
	9:00—9:30		红色文化学习	(1)前往国梁镇 (2)路途中讲解饶国梁故事	

续表

日期	时间段	地点	课程安排	内容简介	涉及学科
第二天	9:30—10:10	国梁镇	红色文化学习	参观饶国梁故居	人文、历史、生态
	10:10—10:30			缅怀、祭奠英雄饶国梁	
	10:30—11:30			(1) 红色文化讲座 (2) 红岩精神学习交流分享	
	11:30—14:00		午餐	国梁红岩宴、休息	
	14:00—17:00	大有田园	生态实践	主题:体验学习农耕文化 (1) 比赛规则宣读 (2) 开展"寻味故事里的红"——挖红薯比赛,为总重最多的队伍发放奖励 (3) 分组制作红薯饼 (4) 红薯饼分享、品评小组品鉴,选出最佳小组,发放奖励	
	17:00—18:30		食宿	国梁特色生态晚餐	
	18:30			入住××××研学实践基地	

表7-12 第三天行程

今日亮点:"研学+非物质文化遗产"——学习非遗灯舞历史/动手制作非遗鲤鱼灯/学习传承非遗灯舞

日期	时间段	地点	课程安排	内容简介	涉及学科
第三天	8:00—9:00	/	/	起床、洗漱、整理好行李、吃早餐	历史、美术、舞蹈
	9:00—9:30	万古镇	非遗技艺	集合前往鲤鱼灯舞文化体育公园	
	9:30—10:30			(1) 了解鲤鱼灯舞的发展史 (2) 学习鲤鱼灯的制作步骤及要点	
	10:30—12:40			学习制作鲤鱼灯	
	12:40—14:30		午餐	前往万古风情酒楼用餐、休息	
	14:30—16:30		非遗技艺	分组学习、掌握鲤鱼灯舞的动作要领	
	16:30—17:00			鲤鱼灯舞学习成果展示表演	
	17:00—19:00		食宿	集合前往万古酒楼吃晚餐	
	19:00			住宿(××××宾馆)	

表 7-13　第四天行程

日期	时间段	地点	课程安排	内容简介	涉及学科
第四天	8:00—9:00	/	/	起床、洗漱、整理好行李、吃早餐	科技、实践、语文
	9:00—9:30	双桥	现代科技发展	出发前往双桥重汽博物馆	
	9:30—11:00			主题:追寻三线精神 (1)参观重庆红岩重型汽车博物馆 (2)组织开展红岩重型汽车模型拼装活动	
	11:00—12:30				
	12:30—14:00		午餐	前往××小馆就餐	
	14:00—15:30		总结反思	(1)结营仪式(交流行程中印象最深的事,分组通过各种形式展示汇报) (2)总结分享旅行中的感动、感受、收获	
	16:00		返程	集合统一返程,家长在指定地点接回学生	

今日亮点:"研学+现代科技"——领略现代科技/动手完成拼装/结营仪式

(三)总体亮点

有效依托区域资源,深度契合课堂教学,遵循学生认知规律,打造"研学+"系列产品。

十、财务预算(略)

十一、项目简介(略)

十二、活动介绍

(一)匠心石刻,践"孝"于行

成员们身着国学服,以宝顶山第15号龛《父母恩重经变相》为引,由主持人对该石刻进行详细讲解,宣扬儒家孝道思想,歌颂父母含辛茹苦养育子女的艰辛,并跟随主持人朗诵《中华孝道》,学习传统文化礼仪,传承中华文化。

(二)"遗"脉相承,灯舞大足

此活动分为八组,成员们以小组为单位进行鲤鱼灯制作。成员们佩戴手套,由研学导师带领,在已组装上色好的鲤鱼灯半成品上用胶水、镊子等工具粘贴鱼鳞片。待鲤鱼灯自然风干后,同学们在舞蹈老师的指导下学习灯舞动作,晚间在鲤鱼灯舞广场进行灯舞表演。

(三)寻味故事里的"红"

此活动分为五组,学生们以小组为单位,由组长带领团队,听取老师的指挥,前往共享菜园;每小组将被分配至指定的区域内开展挖红薯活动;活动时间为30分钟。活动结束后进行称重,重量最大的小组获胜,发放奖励。而后同学们将自己挖到的红薯运至农家厨房内制作红薯饼。在教师的指导下了解革命年代革命者与红薯的故事、了解红薯的种植过程、学习制作红薯饼的技巧。小组成员分工合作,制作完成后,由工作人员与教师组成品评小组,品尝美食后选出最佳小组,发放奖励。

(四)聆听时空回声,巧手拼创未来

此活动分为八组,成员们在研学导师的带领下对汽车模型做基本的了解与认知,知晓车辆的主要组成部分。而后根据提供的材料,分组组装车模,完成后练习操控车模前进并进行小组比赛。比赛共三轮,每轮比赛时间为1分钟,根据距离远近设置相应分值,哨声响起后同时将汽车模型放在起跑线上,每轮成绩累加,比赛结束后分值最高的队伍获胜,发放奖励。

十三、营销推广

(一)线上宣传

通过朋友圈、微信公众号、抖音、小红书等渠道进行宣传,利用视频与照片等传播媒介达到宣传效果。

（二）团购活动

在抖音、小红书等互联网平台推出"团购活动"，拓宽营销渠道，降低营销成本。

（三）促销宣传

团体报名人数达到一定数额时，以不同数额来换取不同额度的优惠，以此吸引群众来参与本次活动。

（四）共建合作

与重庆市内研学公司建立合作关系，与他们共同推广本次研学产品。

十四、安全保障（略）

附录：研学手册（扫码获取）

（案例来源：本案例是2023年重庆市大学生研学旅行创意策划大赛获一等奖作品，指导教师为重庆人文科技学院宋垾竹。）

案例评析

1. 该案例是以中小学生为主要目标客群的研学产品，它将世界物质文化遗产、乡村非物质文化遗产、红色文化和科技文化共同融入，是一个典型的"乡村+"复合式的研学线路产品。该线路产品以地理位置和交通距离为主要考量因素，选择了距离较近、资源具有代表性的四个研学点，即宝顶山石刻、万古鲤鱼灯舞、饶国梁纪念馆、重庆红岩重型汽车博物馆，设计了合理的线路及活动。

2. 该案例在资源挖掘和利用上，亮点和特色突出。该研学线路设计为四天三夜，每天的安排主题突出，内容丰富，同时，四天的内容又以古今文明对照、城乡文化融合形成内在联系。第一天是"宝顶山石刻的孝文化+荷花山庄的劳动实践"，第二天是"饶国梁纪念馆的红色文化+大有田园的生态实践"，第三天是非物质文化遗产万古鲤鱼灯舞的文化了解和技艺学习，第四天是重庆红岩重型汽车博物馆的"科技活动体验+三线精神追寻"。每个研学点的资源挖掘角度都比较巧妙，物质与非物质遗产的对比理解、孝文化、红色文化与三线精神在家国情怀视角下的相互呼应、乡村劳作与现代科技的共存，能够让研学旅游者获得较大的冲击体验感和回溯思考空间。

  3.该案例在营销推广上运用了线上和线下、直销和渠道商销售的多元方式。在传统营销手段上，线上宣传特别强调通过朋友圈、微信公众号、抖音、小红书等渠道进行宣传，利用视频与照片等传播媒介达到宣传效果，这是典型的新媒体营销方式；同时，客群定位为小学五、六年级与初中一、二年级学生，因此特别提及通过与研学公司、中小学建立合作关系，以期推广该研学活动。

主要参考文献

[1]邹艳芬,胡宇辰,陶永进.运营管理[M].上海:复旦大学出版社,2013.

[2]舒伯阳.服务运营管理[M].重庆:重庆大学出版社,2018.

[3]邓立治.商业计划书:原理、演示与案例[M].2版.北京:机械工业出版社,2018.

[4]朱传世.研学旅行设计[M].北京:中国发展出版社,2019.

[5]薛兵旺,杨崇君.研学旅行概论[M].北京:旅游教育出版社,2020.

[6]石媚山.研学旅行市场营销[M].北京:旅游教育出版社,2020.

[7]黄运萍.行走·醒走——研学旅行在江岸[M].武汉:华中科技大学出版社,2022.

[8]李建刚,谷音,王军.研学导师实务[M].武汉:华中科技大学出版社,2022.

[9]许昌斌,李玺.研学旅行项目开发与运营[M].武汉:华中科技大学出版社,2022.

[10]尹萍,郭贵荣,杨帆.民宿新媒体营销[M].北京:旅游教育出版社,2022.

[11]王郢.研学旅行实践教育的问与答[M].北京:社会科学文献出版社,2022.

[12]王金伟,吴志才.中国乡村旅游发展报告(2022)[M].北京:社会科学文献出版社,2022.

[13]曲立.运营管理:从知识学习、能力提升到思维转变[M].北京:清华大学出版社,2023.

[14]胡丹英,陈中山.乡土研学[M].上海:上海交通大学出版社,2023.

[15]宋瑞,金准,李为人,等.旅游绿皮书:2022—2023年中国旅游发展分析与预测[M].北京:社会科学文献出版社,2023.

[16]韦欣仪,邹晓青.研学旅行产品设计[M].武汉:华中科技大学出版社,2023.

[17]卫红,郑远帆,郑耀星.研学旅行资源导论[M].武汉:华中科技大学出版社,2023.

[18]田志奇.研学旅行市场营销[M].武汉:华中科技大学出版社,2023.

[19]池静.研学旅行产品设计[M].北京:旅游教育出版社,2023.

[20]王金伟,陆林,王兆峰,等.新质生产力赋能旅游业高质量发展:理论内涵与科学问题[J].自然资源学报,2024,39(7):1643-1663.

[21]何自力.新质生产力理论的科学内涵和时代意义[J].中国高校社会科学,2024(3):4-14+157.

[22]刘晓敏.乡村振兴背景下乡村研学发展策略研究[J].可持续发展,2024(5):1288-1293.

[23]伍欣,陈一鑫.旅游新媒体营销策略[J].家庭影院技术,2023,322(20):91-94.

[24]刘佳,安珂珂,赵青华,等.中国旅游产业链发展格局演变及空间效应研究[J].地理与地理信息科学,2024,40(3):122-134.

[25]郑茜,刘璐,吕英.技术入股促进高校科技成果转化的内在机理研究——基于协同理论分析视角[J].高教探索,2022(6):65-70.

[26]侯海兰,刘养卉.乡村振兴战略下乡村研学旅行的困境与路径[J].经济研究导刊,2022(33):30-32.

[27]邓倩.新媒体营销研究综述与展望[J].科学决策,2020(8):67-88.

[28]郑怡清.基于SWOT分析的我国中小学研学旅行发展策略研究[J].地理教学,2019(13):54-57.

[29]陈林,卢德生.我国研学旅行历史演变及启示[J].江西广播电视大学学报,2019,21(1):26-31.

[30]张千帆,王程珏,张亚军.异业合作与口碑传播:客户体验及产品创新

度的影响——以"互联网+"背景下的企业合作为例[J].管理评论,2018,30(9):132-142.

[31]吕玉刚.《中小学德育工作指南》将成中小学德育工作的基本遵循[J].人民教育,2017(18):44-47.

[32]高曾伟,高晖.乡村旅游资源的特点、分类及开发利用[J].金陵职业大学学报,2002(3):60-64.

[33]马健.产业融合理论研究评述[J].经济学动态,2002(5):78-81.

[34]高曾伟,王志民.论乡村旅游资源[J].镇江高专学报,2001,14(1):13-16.

[35]植草益.信息通讯业的产业融合[J].中国工业经济,2001(2):24-27.

[36]陈启杰.绿色营销与可持续发展[J].上海财经大学学报,1999(1):38-42.

[37]郭立冬.生态旅游村植物景观构建研究:以崇明县瀛东村为例[D].上海:上海交通大学,2011.

[38]陈梅.乡村旅游规划核心内容研究[D].苏州:苏州科技学院,2008.

[39]李秋月.黑龙江省乡村旅游资源开发对策研究[D].哈尔滨:东北农业大学,2008.

[40]陈燕.循环经济在乡村旅游资源开发中的应用研究[D].成都:成都理工大学,2008.